Nadine Büttner

Lass mich! Ich kann das schon alleine

Deinen Alltag mit Kleinkind meistern

Der Inhalt dieses Buches ist bereits in ähnlicher Form als „Spielen, lernen, wachsen – Alltag mit Kleinkind" von ElternLeben.de erschienen.

1. Auflage
© 2022 Verlag Friedrich Oetinger GmbH,
Max-Brauer-Allee 34, 22765 Hamburg
migo im Verlag Friedrich Oetinger, Hamburg
Alle Rechte vorbehalten.

© Herausgeber: ElternLeben.de.
Ein Angebot der wellcome gGmbH. Hoheluftchaussee 95, 20253 Hamburg
© Text: Nadine Büttner

Reihengestaltung und Satz: Greta Gröttrup, www.gretagroettrup.de
Lektorat: Steffi Korda, Büro für Kinder- & Erwachsenenliteratur, Hamburg
Druck: FNB Print Ltd, "Jansili", Silakrogs, Ropazu novads, LV-2133, Lettland
Printed 2022
ISBN 978-3-96846-079-6

www.migo-verlag.de

Inhaltsverzeichnis

Einleitung 7

1. Stress am Morgen? 9

2. Wie kann sich dein Kind selbst anziehen? 19

3. Kann dein Kind allein spielen? 31

4. Chaos im Kinderzimmer? 39

5. Mitmachen in der Küche? 49

6. Ausreichend Bewegung? 59

7. Dein Kind hört nicht mehr auf dich? 67

8. Spielzeugflut im Kinderzimmer? 77

9. Wie kann dein Kind Farben lernen? 85

10. Ist dein Kind schüchtern? 95

Einleitung

Liebe Eltern,
der Alltag mit kleinen Kindern wirft immer neue Fragen auf: Wie gelingt es, das Chaos im Kinderzimmer zu bändigen? Warum beginnt jeder Morgen so stressig? Ab wann können sich Kinder eigentlich allein anziehen? Warum ist mein Kind so schüchtern? Und die zentrale Frage, die sich Mütter und Väter täglich stellen: Was kann ich konkret tun, um mein Kind gut zu begleiten und dabei selbst nicht auf der Strecke zu bleiben?

Verhalten verstehen und Anregungen geben – das machen wir in diesem Buch. So sind die Kapitel aufgebaut: An zahlreichen konkreten Alltagsbeispielen zeigen wir, wie Kinder durch die Autonomiephase begleitet werden können. Hierzu dienen beispielhafte Episoden von **Paul und Paula**, zwei aufgeweckten, neugierigen Kindern. Paul ist fünfzehn Monate und Paula bereits knapp drei Jahre alt.

Innerhalb der **Gut-zu-wissen-Infoboxen** gibt es zu jedem Thema Hintergrundwissen. Kurz und knackig. Denn hinter Verhaltensweisen stecken Ursachen. Diese können beispielsweise mit bestimmten Entwicklungsphasen oder dem eigenen Verhalten zu tun haben. Kinder versuchen, sich durch ihr Verhalten ein unbefriedigtes Bedürfnis zu erfüllen, und haben in diesem Moment keine andere Strategie zur Verfügung. So steht also hinter jedem Verhalten des Kindes ein Bedürfnis.

Wenn du dich fragst, warum sich dein Kind entsprechend verhält, dann schau doch hier einmal nach.

Doch was bedeutet das jetzt für deinen Alltag? Was kannst du ganz konkret tun? In der Rubrik **Alltagsimpulse** findest du vielfältige Ideen und Anregungen zu den einzelnen Themen, die sofort zu Hause umgesetzt werden können.

Jedes Kapitel fassen wir in der **Elternweisheit** mit einem Satz zusammen: zum Erinnern, Nachdenken, An-den-Spiegel-Kleben.

Viel Freude mit Paul und Paula und natürlich beim Ausprobieren im Kinderalltag zu Hause!

1. Stress am Morgen?

MIT ZEIT, ROUTINE UND
GELASSENHEIT ZUM
ENTSPANNTEN START IN
DEN TAG

Paul & Paula

Kindergeschrei weckt mich. Paul und Paula streiten sich wie so oft am Morgen. Es gibt Tränen, und ich schlichte, so gut es eben geht. Dann rasch das Frühstück vorbereiten. Am Tisch wird genüsslich geschmatzt und auch gerne mal gekleckert. Jetzt aber schnell! Zähneputzen und Anziehen stehen noch auf dem Programm. Paul mag nicht und verweigert. Zähneputzen findet er gerade ganz doof. Ich versuche es mit Singen, mit Bitten und Drängen. Es dauert ewig, und ich bin der Verzweiflung nahe. Dann weint Paula. Der Pullover kratzt. Den mag sie nicht. Eigentlich mag sie gar keinen Pullover anziehen. Meine nächste Herausforderung an diesem Morgen. In zehn Minuten müssen wir los. Ach, der Frühstückstisch ist ja auch noch nicht abgeräumt.

Wie soll ich das schaffen? Ich fühle mich schon jetzt völlig erledigt und stelle mir mal wieder die Frage: Warum beginnt eigentlich jeder Morgen so stressig?

Gut zu wissen – Infobox

Gelingt es, den Morgen als eine erste Tageseinheit mit wiederholbaren Handlungsabläufen zu betrachten, dann lässt sich dieser gut strukturieren. Die Wiederholungen werden von den Kindern als sogenannte „Schemata" abgespeichert. Ist der Morgen in seinen Abläufen wiedererkennbar, wiederholbar und vorhersehbar, bekommen Kinder Sicherheit vermittelt und können sich zudem auf ein „Mitmachen" einlassen.

Umgekehrt bedeutet das auch, dass es morgens besonders stressig werden kann, wenn feste Rituale nicht beachtet oder beispielsweise aus Zeitdruck sogar übergangen werden. Dann reagieren Kinder häufig mit Verweigerung, und der Stress ist vorprogrammiert.

Gut zu wissen – Infobox

Wissenschaftlich gesprochen passiert hier eine „Mandelkernreaktion des limbischen Systems", also eine starke Hirnreaktion. Zudem sind Kinder sehr empfänglich für die Stimmung des Gegenübers. Stehst du selbst morgens innerlich unter Anspannung, so überträgt sich diese unmittelbar auf deine Kinder.

Die Stimmung des Morgens hängt Eltern häufig lange nach und kann den gesamten Tag belasten. Es lohnt sich also, den Morgen als feste Tageseinheit genau zu betrachten und zu reflektieren. Zu zweit verkompliziert sich der Ablauf gerne. Unterschiedliche Meinungen und Herangehensweisen von Elternteilen irritieren die Kinder und bergen zusätzliches Stresspotenzial. Also auch hier: gemeinsam reflektieren, Absprachen treffen und vor allem einhalten.

Alltagsimpulse

Wenn du kurz nach dem Aufstehen schon das Gefühl hast, dass dir eigentlich alles zu viel ist, dann hinterfrage die Gestaltung deines Morgens kritisch. Zur Vorbereitung eines weniger anstrengenden Vormittags überlege dir, ob du etwas am Schlaf, an Ruhephasen, Ablauf, Zeit und Mitbestimmung deines Kindes verändern kannst.

Vorbereitung
Je besser der nächste Morgen vorbereitet wird, desto entspannter startest du in den neuen Tag. Erledige schon abends Dinge für das Frühstück: Tisch decken, Obst schneiden, Tee oder Kaffeemaschine vorbereiten usw. Schau dir die Wettervorhersage für den nächsten Tag an und suche abends gemeinsam mit deinen Kindern die Kleidung heraus. Besprecht, wer was am nächsten Tag anzieht, und lass deine Kinder so viel wie möglich selbst aussuchen. Auch du kannst deine Sachen schon am Abend rauslegen und musst diese Entscheidung nicht erst am Morgen treffen. Bereite mitzunehmende Dinge für den nächsten Tag vor. Benötigst du Unterlagen für die Arbeit? Muss eine Wickeltasche neu gepackt oder ein Frühstück für den Kindergarten vorbereitet werden?

Schlaf & Ruhephasen
Das Schlafverhalten deiner Kinder ändert sich in unregelmäßigen Abständen immer mal wieder. Achte darauf, dass deine Kinder ausreichend Schlaf- und Ruhephasen haben und möglichst zu einer festen Uhrzeit abends ins Bett gehen.

Viele Eltern achten auf den Schlaf ihrer Kinder und vergessen oft sich selbst dabei. Hinterfrage dich, wie viel Schlaf du täglich brauchst, um gut in den Tag starten zu können. Lege deine persönliche „Bettgehzeit" fest und versuche, dich in der Regel daran zu halten. Dies erfordert viel Selbstdisziplin. Aber dein persönliches Wohlbefinden ist stark von deinem Schlaf abhängig und wird sich unmittelbar auf den nächsten Morgen auswirken. Gönn dir ganz bewusst Ruhephasen im Alltag. Das können fünf Minuten täglich sein, die schon zu ganz viel Entspannung beitragen.

Ablauf
Ein klarer Ablauf vereinfacht den Morgen. Prinzipiell sollte er immer gleich gestaltet sein. Dazu hat jede Familie ihren eigenen, individuellen Rhythmus, der so aussehen könnte: aufstehen, kurz spielen, anziehen, frühstücken, Tisch abräumen, Zähne putzen, anziehen und losgehen. Eine klare Reihenfolge gibt deinem Kind Orientierung und Sicherheit. Es weiß genau, welcher Schritt als Nächstes kommt. Es kann sich schon vorher darauf einstellen, muss nicht neu „nachdenken" und auch nicht neu „verhandeln". Alle Abweichungen von so einem Rhythmus führen zur Irritation. Irritation bedeutet, dass es länger dauern kann und zusätzlich Streitigkeiten entstehen können.

Ein Rhythmus entsteht durch die tägliche Wiederholung. Ihr könnt diese anfangs immer sprachlich begleiten: „Nach dem Frühstück räumen wir den Tisch ab" und „Jetzt putzen wir die Zähne". Manchen Kleinkindern hilft es zusätzlich, wenn der Ablauf verbildlicht wird. Dazu können bspw. Bilder oder Fotos in entsprechender Reihenfolge sichtbar aufgehängt werden. Eine klare Aufteilung der Zuständigkeiten mit dem Partner*in gibt einem selbst das Gefühl zu wissen, wann welche Handlungsschritte nötig sind und wer gerade in der Verantwortung steht und „dran" ist.

Zeit
Idealerweise stehst du, etwa anderthalb Stunden bevor ihr losgehen müsst, vor deinen Kindern auf. Somit hast du die Chance, erst einmal selbst in Ruhe wach zu werden und dich auf den neuen Tag einzustellen. Vielleicht hast du ein kleines Ritual, das dir morgens guttut, zum Beispiel eine Atemübung, Yoga oder auch eine Tasse Kaffee oder Tee. Betrachte diese Zeiteinheit als deine eigene Zeit – nur für dich allein. Stelle dich bewusst positiv auf deine Kinder ein. Vielleicht braucht auch dein Kind erst einmal ein „Ankommen" im neuen Tag, bevor es ans Frühstücken und Anziehen geht. Plane das ein. Zeitmangel ist die Hauptursache für morgendlichen Stress. Reflektiere dein eigenes Zeitmanagement.

Mitbestimmung
Kinder streiken häufig dann, wenn es besonders schnell gehen soll. Das liegt daran, dass sie in diesen Situationen in ihrer Mitbestimmung beschnitten werden. Wenn keine Zeit mehr bleibt, können Kinder nicht mehr selbst bestimmen oder sich ausprobieren. Binde dein Kind jeden Tag mit ein. Gib ihm die Möglichkeit der Wahl zwischen zwei Entscheidungen. Damit überforderst du es im zweiten und dritten Lebensjahr nicht und bietest eine gute Gelegenheit der Partizipation: „Möchtest du zum Frühstück Müsli mit Obst oder ein Brot und Obst essen?" „Möchtest du den roten oder den grünen Pulli anziehen?"

Elternweisheit

Selbstdisziplin ist der erste Schritt zu einem entspannten Morgen!

2. Wie kann sich dein Kind selbst anziehen?

VORMACHEN, WIEDERHOLEN UND VEREINFACHEN FÖRDERN DIE SELBSTSTÄNDIGKEIT

Paul & Paula

Es herrscht Zeitdruck wie so oft am Morgen. Und ich muss Paula weiter anziehen. Den ersten Pullover reißt sie mir aus der Hand. Den mag sie nicht. Auf einen grünen können wir uns dann verständigen. Ich ziehe ihr den Pullover an. Jetzt noch die Jacke und die Mütze. Die nimmt sie mir ab und setzt sie sich auf den Kopf, auf links gedreht.

Die Schuhe fehlen. Sie schnappt sich einen und versucht irgendwie umständlich, ihren Fuß hineinzuschieben. Das funktioniert noch nicht so wirklich. Zusammen klappt es dann.

Bald hat Paula Geburtstag und wird drei. Ich bin schweißgebadet und frage mich: Ab wann kann sie sich endlich allein anziehen?

Gut zu wissen – Infobox

Das selbstständige Anziehen erfolgt nicht von heute auf morgen. Es ist ein langer Prozess, der schon sehr früh beginnt. Kinder lernen unheimlich viel durch Beobachtung, Wiederholung und Nachahmung. Sie prägen sich Bewegungsabläufe und Reihenfolgen genau ein, beispielsweise beim Wickeln. Irgendwann strecken sie dir ein Bein entgegen, sobald sie die anzuziehende Hose sehen. Manche Kinder heben auch die Hüfte an, damit sich die Hose leichter über den Popo ziehen lässt. Kinder kennen die Abfolge und können zunehmend einordnen, welches Kleidungsstück für welchen Körperteil gedacht ist. Bereits beim Wickeln beginnt der Prozess des selbstständigen Anziehens.

Etwa ab dem 18. Lebensmonat wirst du wahrnehmen können, wie dein Kind eine regelrechte Leidenschaft dafür entwickelt. Es versucht, sich selbst die Schuhe anzuziehen, eine Mütze über den Kopf zu stülpen, und lässt sich trotz vieler Fehlversuche nicht entmutigen. Dein Kind strebt ganz natürlich und sehr früh nach Selbstständigkeit. Viele Wiederholungen und unzählige Versuche sind nötig, damit dein Kind die sehr komplexe Motorik entwickeln kann.

Gut zu wissen – Infobox

Das Interesse deines Kindes erkennst du leicht durch Beobachtung: Du siehst, dass sich dein Kind immer wieder ein Kleidungsstück von sich aus nimmt und versucht, es anzuziehen. Sobald es deine Kleidung nimmt, in deine Schuhe schlüpft, sind das die besten Voraussetzungen, um es entsprechend weiter zu begleiten.

Je nach Vorbereitung, Unterstützung und Eigeninteresse sind Kinder schon sehr früh in der Lage, sich selbstständig zu kleiden. Trotzdem äußern auch sie häufig selbstständig den Wunsch nach Hilfe beim Anziehen. Oftmals verbirgt sich dahinter ein anderes Bedürfnis, nämlich das nach Nähe und Zuwendung.

Alltagsimpulse

Das Wichtigste steuerst du selbst bei: deine Geduld und deine Zeit. Bei den folgenden Tipps wirst du immer wieder lesen, wie wichtig Wiederholungen sind, und wie lange es braucht, bis dein Kind den komplexen Vorgang des Anziehens selbstständig beherrscht. Deshalb sollte das Üben nicht erst morgens unter Zeitdruck und vor der Kita beginnen, sondern so früh wie möglich. Schon während des Wickelns kannst du dein Kind auf das spätere selbstständige Anziehen vorbereiten. Aber auch danach kannst du viele unserer Tipps in deinen Erziehungsalltag integrieren und so deinem Kind helfen, selbstständiger zu werden.

Wickelabläufe immer in der gleichen Abfolge gestalten
Sofern sich deine Handlungen, Bewegungen und Abläufe regelmäßig wiederholen, werden sie bei deinem Kind im Wiedererkennungsgedächtnis gespeichert. Wissenschaftlich spricht man auch vom prozeduralen Gedächtnis. Das Wickeln wird als festes Ritual und Erlebnis für dein Kind absehbar. Durch gleiche und wiederkehrende Abläufe erlangt es folglich Vertrauen in die Situation und wird zudem zum Mitmachen ermutigt.

Langsame Bewegungen durchführen und Zeit lassen
Lass dir in einer entspannten Wickelsituation bewusst viel Zeit für deine Bewegungen und Handlungen. Dein Kind bekommt so die Möglichkeit, einerseits dich und andererseits die Bewegungen genau einzustudieren und abzuspeichern. Von diesen Erfahrungen wird es bei seinen ersten Versuchen, sich selbst anzuziehen, profitieren.

Sprachlich begleiten
Nimm bewusst Blickkontakt zu deinem Kind auf. Begleite deine Handlungen mit einer einfachen und deutlichen Aussprache sowie guter Grammatik. Viele Wiederholungen ermöglichen, dass spezifische neuronale Pfade im Gehirn verstärkt werden.

Erkunden und Mithelfen lassen
Lass dein Kind mit allen Sinnen seinen gesamten Wickelbereich erkunden. Es kann Kleidung, Windeln und Waschlappen erfühlen und daran riechen. Beobachte das Interesse deines

Kindes und reagiere auf seine Initiative. Wenn es dir bspw. eine Hose gibt, kannst du sagen: „Ja, das ist deine Hose. Die ziehen wir jetzt an. Erst kommt das eine Bein. Wo ist denn dein Bein? Ja, da ist dein Bein. Toll. Jetzt kommt das andere Bein ..." Dein Kind erfährt so, dass es bereits aktiv am Geschehen teilnimmt und mitbestimmen kann.

Im Stehen wickeln
Mit zunehmender Mobilität wird sich dein Kind nur noch ungern auf den Rücken legen wollen. Aus dem Stand heraus hat es eine bessere Perspektive, kann beobachten, was „da unten" passiert, und leichter mitmachen. In der Dusche oder Badewanne kann es beim Abduschen helfen und zunehmend eigenverantwortlich Dinge tun. Dieses Mithelfen kann sich dann ebenso positiv auf das eigenständige Anziehen übertragen.

Emotional zugewandt sein
Das Wickeln ist eine Einladung zu einer ganz intimen Interaktion zwischen dir und deinem Kind. Mit viel Blickkontakt und durch deine emotionale Offenheit kannst du aktiv das Selbstwertgefühl deines Kindes und gleichzeitig eure innige Beziehung stärken. Aus einer inneren Stabilität heraus kann sich dein Kind der Umwelt gegenüber zunehmend öffnen, sie erkunden und neue Lernerfahrungen machen, zum Beispiel durch das selbstständige Anziehen. Sobald dein Kind stehen kann, verabschiede dich bereits innerlich von deinem Wickeltisch. Das An- und Ausziehen kann zunehmend unabhängig vom eigentlichen Waschen und Saubermachen erfolgen.

Einen festen Anziehort definieren
Überlege, wo sich dein Kind täglich an- und ausziehen kann. Der Platz sollte immer der gleiche sein, denn zuvor war der Wickeltisch euer fester Ort.

Einrichtung aus Kinderperspektive gestalten
Versuche, dich in die Größe deines Kindes zu versetzen, und richte diesen Platz so ein, dass es mühelos – und unabhängig von dir – die benötigten Kleidungsstücke erreichen kann. Wähle Körbe für Kleidungsstücke, einfach zu öffnende Schubladen oder Regalfächer auf Kniehöhe. Ein Ganzkörperspiegel auf Kinderhöhe ist eine bestärkende Ergänzung für den Anziehbereich.

Ordnung und Übersichtlichkeit bieten
Du unterstützt dein Kind durch eine bestimmte, vorgegebene und verlässliche Ordnung. So wie du seine Kleidungsstücke anordnest, solltest du das folglich immer tun, denn dein Kind speichert dies im prozeduralen Gedächtnis. Eine klare Begrenzung, sprich Übersichtlichkeit, verhilft deinem Kind dazu, sich auf den Anziehprozess zu fokussieren. Eine Auswahl von jeweils zwei zugänglichen Kleidungsstücken reicht völlig aus und vermeidet Überforderung. Dein Kind kann zum Beispiel eine Schublade aufziehen. Dort liegen zwei Hosen. Es kann selbst entscheiden, ob es die rote oder die blaue anziehen möchte.

Praktische Kleidung auswählen
Oftmals behindert die Kleidergröße das selbstständige Anziehen der Kinder. Hilfreich ist es, wenn Pullover, T-Shirts, Unterhemden eine Größe größer gekauft werden. Dein Kind kann viel leichter einen Pullover allein anziehen, in dem die Arme ausreichend Platz bieten. Auch Hosen mit einem lockeren Gummibund erleichtern das eigenständige Anziehen. Eine enge Jeans mit Knopf würde erfordern, dass dein Kind – nachdem es irgendwann alleine die Hose hochziehen konnte – dich dann doch noch um Hilfe bitten muss, um den Knopf zu bewältigen. Bereite Schuhe am Abend so vor, dass dein Kind am nächsten Tag selbst hineinschlüpfen kann.

Vorbild sein
Dein Kind wird dich häufig beobachten, während du dich selbst anziehst. Führe deine eigenen Bewegungen bewusst ganz langsam und deutlich aus. Dein Kind lernt durch Nachahmung. So, wie du dich anziehst, wird es das auch ausprobieren. Richte dein Anziehverhalten danach. Es ist noch zu schwierig, wenn du deinen Pullover mit übereinander gekreuzten Armen über den Kopf ausziehst. Hilfreich ist es, wenn du erst an einem Ärmel ziehst, den Arm zum Körper führst, dann den anderen Arm herausziehst und so den Pullover ausziehst.

Erfolge in Teilschritten sehen
Der Prozess des Anziehens ist sehr komplex. Jedes Kleidungsstück erfordert viele unterschiedliche Handlungen. Zerlege selbst einmal eine für dich einfache Handlung wie „Pullover

anziehen" in alle Teilschritte. Dadurch wirst du sensibilisiert für die Leistung, die dein Kind erbringt, wenn es den ersten Schritt „Pullover über den Kopf ziehen" selbstständig gemeistert hat.

Assistieren, wenn nötig

Dein Kind ist ganz eifrig dabei, sich das Anziehen anzueignen. Nichts ist dabei so entmutigend wie Unterbrechungen und Vorwegnahmen. Die Handlungsabläufe verlaufen noch erschwert und nehmen viel Zeit und höchste Konzentration in Anspruch. Bereite die Umgebung so vor, dass dein Kind perspektivisch alle Schritte alleine bewältigen kann. Beobachte es und warte erst einmal ab. Oftmals korrigiert sich ein Kind selbst und merkt beispielsweise, dass die Mütze nicht an die Füße, sondern auf den Kopf kommt. Hilf wirklich nur dann, wenn deine Unterstützung nötig ist.

Fehler akzeptieren

Dein Kind hat es nun ganz allein und mit allergrößter Mühe geschafft, seinen Pullover anzuziehen. Zufrieden betrachtet es sich im Spiegel. Du siehst sofort, dass der Pullover falsch herum angezogen wurde. Entscheide ganz bewusst, ob du nun etwas sagst, korrigierst oder die Freude mit deinem Kind über den Erfolg teilst. Sobald eine Korrektur oder ein negativer Kommentar kommt – und sei es auch noch so beifällig –, wird aus dem hart erarbeiteten Erfolg deines Kindes ein Misserfolg.

Zeiträume zum Ausprobieren und Üben schaffen
Dein Kind benötigt viele Wiederholungen, bis das Anziehen komplett selbstständig erfolgen kann. Dafür braucht es Zeit, Ruhe und vor allem Gelegenheiten. Im Kontrast dazu erledigen Erwachsene Dinge zielgerichtet und zweckgebunden. Bei Kälte wird eine Jacke angezogen, sobald man rausgeht. Lass dein Kind die Jacke anziehen, auch wenn ihr nicht nach draußen wollt. Wenn dein Kind alle Kleidungsstücke erreichen kann, kann es sogar von selbst üben. Es wird sich vielleicht etliche Male an einem Nachmittag aus- und wieder anziehen wollen. Die Wiederholung der Handlung führt zur Selbstständigkeit.

Elternweisheit

Übung macht den Meister und die Meisterin – auch beim Anziehen!

3. Kann dein Kind allein spielen?

DURCH SICHERHEIT, ANREGUNG UND ZUTRAUEN KLAPPT ES

Paul & Paula

Ich sitze auf dem Boden in einer Ecke im Kinderzimmer. Paul betrachtet konzentriert seine Tierfiguren, und Paula zieht aufwendig ihren Teddy an. Beide wirken zufrieden und entspannt. Das ist meine Chance. Jetzt schnell die Waschmaschine anstellen und das Mittagessen vorbereiten.

Ich stehe leise auf und möchte das Zimmer verlassen. Kaum erreiche ich die Tür, da höre ich, wie Paul seine Tierfiguren fallen lässt. Er rennt mir hinterher und umklammert meine Beine. Paula ruft: „Mami, komm!" Und wieder einmal stelle ich mir die Frage: Wann lernen meine Kinder, allein zu spielen?

Gut zu wissen – Infobox

Verständlicherweise sehnen sich Mütter und Väter nach den Momenten, in denen ihre Kinder ein paar Minuten allein spielen können. Je mehr Eltern mit den Bedürfnissen ihrer Kinder vertraut sind, desto besser können sie die Entwicklung zum eigenständigen Spiel verstehen und ihre Kinder darin unterstützen.

Der Weg zum selbstständigen Spiel des Kindes wird deutlicher, wenn er im Zusammenhang mit den Bedürfnissen eines jeden Menschen betrachtet wird. Abraham Maslow (US-amerikanischer Psychologe, 1908–1970) stellte die populäre Bedürfnispyramide der Menschen auf. Dabei wird zunächst von fünf verschiedenen Bedürfnissen ausgegangen, die tendenziell hierarchisch angeordnet sind.

Demnach steht zunächst die Erfüllung sogenannter physiologischer Bedürfnisse im Vordergrund. Dein Kind wird sich nicht auf ein Spiel einlassen können, wenn ihm zu kalt oder zu heiß ist, es hungrig, durstig oder müde ist.

Sobald das Zimmer verlassen wird, kann beim Kind das Bedürfnis nach Sicherheit und Orientierung wachgerufen werden. Es braucht dann in diesem Moment (noch) die Präsenz von Mutter oder Vater, um sich weiter auf ein Spiel einlassen zu können.

Gut zu wissen – Infobox

Erst, wenn die Sicherheit da ist, kann der Raum zur Erkundung frei werden. Das erklärt, warum Kinder, die sich scheinbar vertieft einer Sache widmen, sofort ihr Spiel beenden, sobald die Bezugsperson das Zimmer verlässt.

Kinder genießen das Beisammensein. Sie haben – wie alle Menschen – ein starkes soziales Bedürfnis nach Zugehörigkeit, nach Austausch miteinander und nach gegenseitiger Zuneigung. Wer ist schon gerne allein?! Erst darüber geordnet stehen Individualbedürfnisse wie die nach Freiheit, Unabhängigkeit und Selbstverwirklichung.

Hinter deinem Wunsch, dass dein Kind allein spielt, mag also auch dein eigenes Bedürfnis nach „Unabhängigkeit" stecken. Beobachte dein Kind und versuche zu verstehen, welches Bedürfnis hinter seinem Verhalten steckt. So kannst du es schrittweise an ein zunehmend eigenständiges Spiel heranführen.

Kinder entwickeln sich sehr unterschiedlich. Einige Kinder können sich früher alleine beschäftigen als andere. Viele Bedürfnisse müssen erfüllt sein, damit ein Einlassen möglich ist. Kinder spielen am liebsten in der Nähe ihrer Eltern – und nicht alleine im Kinderzimmer. Wenn sich dein Kind mit drei Jahren zehn bis dreißig Minuten allein beschäftigen kann, dann ist das eine enorme Entwicklung.

Alltagsimpulse

Der Weg in das eigenständige Spiel passiert nicht von heute auf morgen. Es bedarf eines sanften Hinführens, einer Vorbereitung und eines Wechselspiels zwischen dem Bieten von Sicherheit und Nähe und dem Zutrauen des Abstandes. Grundvoraussetzung ist, dass dein Kind ausgeglichen, ausgeschlafen und satt ist.

Rahmen ermöglichen
Kinder benötigen einen geeigneten Rahmen, um sich auf ein Spiel einlassen zu können. Dazu braucht es zunächst Zeit. Freie Zeitfenster ohne Verabredungen oder Termindruck begünstigen das Einlassen auf ein Spiel. Ablenkungen durch den laufenden Fernseher oder ein Radio können dein Kind am Spiel hindern. Ebenso kannst du durch deine Haltung und Ausstrahlung die Atmosphäre positiv beeinflussen. Wenn du entspannt und gelassen bist, überträgt sich das auf dein Kind und sorgt dafür, dass es die Welt erkunden möchte.

Anregungen bieten
Beobachte die Beschäftigungsvorlieben deines Kindes. Wofür interessiert es sich derzeit? Zeigt es Interesse an Farben, an Formen, wiederholt es bestimmte Abläufe und Handlungen immer wieder? Oft zeigen Kinder auch Interesse an Tieren, Autos oder an Tätigkeiten und Gegenständen aus dem Haushalt. Versuche, für dein Kind eine interessante, anregungsreiche Umgebung zu gestalten. Es braucht darin vertraute Dinge und gleichzeitig auch neue, überraschende Variationen. Wenn dein Kind beispielsweise schon gelernt hat, dass ein Schneebesen auf einem umgedrehten Kochtopf Geräusche verursacht, kannst du mit deinem Kind schöne Bänder an den Schneebesen binden, und dadurch entsteht ein neues Spielzeug – ein selbst gemachtes Schwungband. Mit solchen Spielsachen oder Materialien erzeugst du die Aufmerksamkeit deines Kindes. Es hat somit immer wieder Interesse, seine Umwelt zu erkunden.

Spielend einlassen
Sollte dein Kind noch nicht ohne deine Anwesenheit spielen, dann lass dich auf ein gemeinsames Spiel ein. Versuche, die Spielführung dabei deinem Kind zu überlassen. Du kannst kleine Anregungen geben, solltest dich aber weitestgehend zurücknehmen. Sieh die positiven Seiten des gemeinsamen Spiels. Dein Kind lernt ganzheitlich aus eurer sozialen Interaktion, zum Beispiel, wie das „Nehmen und Geben" funktioniert oder wie man aufeinander eingeht. Es wird ganzheitlich, sozial, emotional und kognitiv davon profitieren. Dein Einsatz lohnt sich also!

Nähe trotz Distanz sicherstellen
Dein Kind braucht deine Nähe, um sich auf ein Spiel allein einlassen zu können. Biete ihm also die Möglichkeit des Spielens in allen Zimmern, in denen du dich länger aufhältst. Wenn dein Kind einer Beschäftigung nachgeht, kannst du versuchen, dich langsam zu lösen. Sprich dies offen an, beispielsweise so: „Ich sehe, du spielst jetzt gerade, und ich bereite das Essen vor." Bleib dabei in Sichtweite und beginne direkt mit deinem Vorhaben. Solltest du dich auf das Sofa legen und „nichts tun" wollen, wird dein Kind vermutlich sofort sein Spiel beenden und zu dir kommen. Behalte es im Auge, schenke ihm aber keine „besondere" Aufmerksamkeit. Sucht es deinen Blickkontakt, dann schau es kurz an, lächele und widme dich dann wieder deiner Sache. Somit erhält dein Kind die Sicherheit, die es braucht. Es weiß, dass du da bist, dass du es siehst, aber eben auch beschäftigt bist.

Unterbrechungen vermeiden

Achte darauf, dein Kind beim selbstständigen Spiel nicht zu unterbrechen. Ein Lob kann schon dazu beitragen, dass dein Kind dir sofort die Aufmerksamkeit schenkt und sich von seinem eigentlichen Tun ablenken lässt. Warte und beobachte. Es kann auch sein, dass du einmal die Mahlzeit ein paar Minuten nach hinten verlagern oder deine eigentlichen Vorhaben ein wenig verschieben musst. Jede Minute, die dein Kind seine Umwelt erforscht und sich mit Dingen beschäftigt, trägt zu einer Entwicklung in Richtung Unabhängigkeit bei. Wäge also eine Unterbrechung vorher genau ab.

Elternweisheit

Nur wer sich sicher fühlt, kann allein spielen!

4. Chaos im Kinderzimmer?

STRUKTUR, PLATZ UND ZUSAMMENARBEIT SCHAFFEN ORDNUNG

Paul & Paula

Jeden Abend ärgere ich mich darüber, dass ich wieder die Spielsachen meiner Kinder aufräume. Etliche Teile liegen verstreut auf dem Kinderzimmerteppich herum. Kisten wurden ausgeschüttet, und es beginnt das große Sortieren. Paul und Paula schauen mir zu. Lächeln sie mich etwa an?

Natürlich helfen sie ein wenig mit – kurzzeitig. Während ich die Bücher aufhebe und zurück in das Regal lege, schüttet Paul den Korb mit den Bauklötzen aus, und Paula wirft ganz freudig ihre Kuscheltiere durch das Zimmer. Es scheint nie enden zu wollen. Und wieder einmal frage ich mich: Wie bekomme ich eigentlich Ordnung in das Kinderzimmerchaos?

Gut zu wissen – Infobox

Die ersten drei Lebensjahre sind geprägt von unendlich vielen neuen Erlebnissen. Kinder entdecken ihre Hände, nehmen verschiedene Gerüche und Geschmäcker wahr, halten erstmals Blickkontakt, erkunden Spielsachen und erleben, dass sie selbst durch ihr Handeln etwas bewirken können.

Diese Flut von neuen Eindrücken und Erfahrungen bringt viele Informationen mit sich, die ungefiltert aufgenommen, abgespeichert und sortiert werden müssen. Eltern können ihre Kinder in diesem Prozess unterstützen, indem sie eine sogenannte Ordnung und damit Orientierung und Halt bieten. Eine vorgegebene äußere Struktur und Übersichtlichkeit helfen den Kindern dabei, auch innerlich eine Ordnung zu finden. Die Vorbereitung des Kinderzimmers bedeutet also mehr als das bloße Aufräumen.

Gut zu wissen – Infobox

Es bedeutet, dem eigenen Kind zu mehr Sicherheit und einer „inneren Aufgeräumtheit" zu verhelfen. Aus einer altersentsprechenden, übersichtlichen Einrichtung mit einer angepassten Anzahl an Spielsachen und festgelegten Plätzen dafür kann sich nach und nach ein verantwortungsvoller Umgang mit der Umgebung entwickeln. Dies bedeutet nicht, dass dein Zuhause immer auf Hochglanz poliert sein sollte.

Vielmehr geht es darum, deinem Kind einen überschaubaren Rahmen zu bieten, in dem es sich selbstständig gut und sicher bewegen kann. Kommt es an seine Sachen selbst heran? Ist die Anzahl an Spielmaterial für dein Kind überschaubar? Haben die Bücher einen festen Platz? Je übersichtlicher du das Kinderzimmer gestaltest und je selbstständiger sich dein Kind in seinem Zimmer bewegen kann, desto einfacher wird es gemeinsam gelingen, das Chaos wieder zu ordnen.

Alltagsimpulse

Ordnung in das Kinderzimmer zu bekommen, fängt mit Vorbereitung an. Das tägliche Aufräumen kann dadurch nicht vermieden, aber vereinfacht und erleichtert werden. Dein Kind wird sich vermutlich am liebsten in deiner Nähe aufhalten und bei dir sein wollen. Verbringt ihr zum Beispiel viel Zeit im Wohnzimmer, könnt ihr auch hier einen flexiblen „Kinderbereich" einrichten.

Platz schaffen und Flexibilität bewahren
Die Entwicklung innerhalb der ersten drei Lebensjahre ist rasant. Dein Kind wird sich oft nur kurzzeitig mit Gegenständen beschäftigen. Oftmals nur so lange, bis es seine entsprechende Lernerfahrung damit gemacht hat. Richte dich darauf ein, dass das Kinderzimmer oft umgestaltet werden sollte. Hat dein Kind eine Phase, in der es gerne herumtobt und seine Beweglichkeit ausleben möchte, bietet sich eine Turnmatte an, für die Platz geschaffen werden muss. Entwickelt es eine Malleidenschaft, dann braucht es Platz für die Kunstwerke und einen Ausstellungsort. Das Zimmer sollte ein flexibel gestaltbarer Raum sein, der sich den Interessen und Bedürfnissen deines Kindes anpassen kann, nicht umgekehrt.

Möbel auf Kinderhöhe
Dein Kind kann dir beim Aufräumen helfen und perspektivisch selbst dafür die Verantwortung übernehmen, wenn es alle Dinge erreichen kann. Immer dann, wenn es dich um Hilfe

bitten muss, wird es in seiner Initiative gebremst und sogar behindert. Herumliegende Kleidung kann es nur dann in den Schrank legen, wenn es ihn auch selbst erreichen kann. Begib dich auf die Höhe deines Kindes und schau dir die Einrichtung des Kinderzimmers an. Kommt es an alles heran? Kann es alle Schubladen und Kisten eigenständig öffnen? Sind Regalfächer auf Kinderhöhe? Betrachte auch Bilder oder aufgehängte Fotos. Hängen sie auf Augenhöhe deines Kindes?

Feste Plätze vereinbaren
Das Aufräumen fällt deinem Kind viel leichter, wenn es weiß, wohin es die Dinge räumen kann. Wenn klar ist, dass Kuscheltiere immer in diese spezielle Kiste, Bauklötze immer in den Korb und Bücher genau in dieses Regal gestellt werden sollen, verschafft das deinem Kind Sicherheit. Es muss nicht jedes Mal neu überlegen, wohin es die einzelnen Gegenstände bringen soll. Die festen Plätze geben Orientierung und damit auch Handlungssicherheit. Gibt es ein neues Spielzeug, frage dein Kind, wo dieses seinen Platz bekommen soll. Damit bindest du dein Kind aktiv ein, es bekommt altersangemessen Verantwortung zugesprochen und gleichzeitig eine Orientierung im eigenen Kinderzimmer.

Orientierung durch ein cleveres Aufbewahrungssystem
Um den Überblick über die eigenen Spielsachen zu behalten und das Aufräumen zu erleichtern, kannst du ein einsehbares oder transparentes Aufbewahrungssystem schaffen. Spielsachen werden in offenen Regalen, in Körben oder in trans-

parenten Kisten verstaut. Dadurch erkennt dein Kind sofort, wohin was gehört, und es kann herumliegende Sachen selbstständig, ohne zusätzlichen Aufwand, wegräumen. Wenn du lieber geschlossene Kisten und Schubladen hast, hefte Fotos der Spielsachen außen an. So sieht dein Kind, was sich in den einzelnen Schubladen befindet, ohne diese nacheinander aufziehen zu müssen.

Thematisch sortieren
Eine thematische Sortierung der Spielsachen strukturiert das Kinderzimmer. Es bieten sich ein festgelegter Anziehbereich mit Kleiderschrank, Spiegel, Ablage für Kleidung, eine Kuschelecke mit einem Bücherkorb und einer gemütlichen Sitzecke, eine Kreativecke mit einem Kindertisch, Stuhl, Papier und Stiften (zunächst in den Grundfarben) sowie ein Spielbereich mit einer Puppe, Puzzles und Musikinstrumenten an. Dein Kind kann somit herumliegende Gegenstände genau den einzelnen Bereichen zuordnen, und umgekehrt weiß es auch, dass beispielsweise nur am Tisch gemalt wird.

Interessen deines Kindes beobachten
Beobachte dein Kind ganz bewusst in den Momenten, in denen es sich versunken mit Gegenständen beschäftigt. Was erkundet es da? Woran scheint es interessiert zu sein? Welche Bewegungen wiederholt es mehrfach? Was lernt es dadurch? Durch die genaue Beobachtung wirst du erkennen, an welchen Spielsachen und Themen dein Kind gerade interessiert ist und welche für das Kinderzimmer derzeit sinnvoll sind. Die Din-

ge, an denen dein Kind noch kein Interesse zeigt, können zunächst eingelagert werden.

Rotation von Spielsachen
Dein Kind benötigt wenig Spielmaterial, dafür welches mit sinnvollen Herausforderungen und neuen Lernerfahrungen (siehe auch Kapitel 8). Reduziere die Menge der Spielsachen auf ein Minimum und verstaue im Moment unbenutzte Dinge im Keller oder an einem anderen Abstellort. Tausche Spielsachen regelmäßig aus. Dein Kind wird an bereits bekanntem Spielzeug wieder neues entdecken, da es sich selbst weiterentwickelt hat und beispielsweise mit einem Luftballon nun anders spielen kann und andere Erkenntnisse daraus gewinnt als zuvor.

Am Ball bleiben, Chaos vermeiden
Dein Kind wird dazu tendieren, sich mit einer Sache nach der anderen beschäftigen zu wollen. Hat es gerade noch seine Kuscheltiere entdeckt, nimmt es nun das Puzzle auseinander. Du kannst dein Kind gut darin unterstützen, Ordnung zu halten und mit ihm darüber kommunizieren: „Ich sehe, du möchtest jetzt puzzeln. Schau mal, hier liegen noch die Kuscheltiere. Wo kommen die hin? Erst räumen wir diese auf, dann kannst du das Nächste machen und puzzeln." Dieser Umgang erfordert jetzt viel Aufmerksamkeit deinerseits, die sich später aber absolut auszahlen kann.

Eigene Ordnungsstruktur reflektieren und Vorbild sein
Die beste Ordnung und Vorbereitung im Kinderzimmer unterstützt die innere Ordnungsstruktur deines Kindes nur dann, wenn sie auch in den übrigen Räumen entsprechend gelebt wird. Es lohnt sich, die eigene Ordnung zu überprüfen und kritisch zu betrachten. Du bist das Vorbild deines Kindes, und an dir wird es sich orientieren.

Gemeinsam einrichten, aufräumen und reinigen
Das Kinderzimmer ist ein Raum, mit dem sich dein Kind zunehmend identifizieren soll. Es soll ein Wohlfühlort für dein Kind und seine Bedürfnisse werden. Je mehr du es bei der Gestaltung miteinbeziehst, desto eher wird es sich darin aufhalten wollen. Ihr könnt gemeinsam überlegen, wo die Kuschelecke hinsoll, welche Farben es gerne hat oder was an die Wände gehängt werden soll.

Respektiere jetzt schon, dass es das Zimmer deines Kindes ist. Sobald es laufen kann, wird es all das tun wollen, was auch du in deinem Haushalt erledigst. Somit könnt ihr euch gemeinsam um das Aufräumen, die Reinigung und Pflege des Kinderzimmers kümmern. Wenn du dort saugst oder Staub wischst, lasse dein Kind mitmachen. Grundsätzlich sollte das Aufräumen eine gemeinsame Aktion sein. Durch die Erfahrung des gemeinsamen Tuns wird dein Kind auf das zunehmend selbstständige Aufräumen vorbereitet.

Elternweisheit

Die äußere Ordnung verhilft zur inneren Aufgeräumtheit!

5. Mitmachen in der Küche?

ZUTRAUEN, AUSPROBIEREN
UND EIGENE SCHUBLADE
SIND DER ERSTE SCHRITT

Paul & Paula

Paul kann laufen, ganz allein. Ich habe diesen Tag sehr herbeigesehnt. Eine neue Ära beginnt für uns. Und was für eine. Seitdem folgt er mir noch schneller, noch aktiver. Er ist so aufgeweckt und interessiert dabei. Alles ist spannend, und alles scheint ihn zu faszinieren. Ein kleiner Entdecker eben. Am liebsten macht er all das, was ich auch tue. Er möchte den viel zu großen Staubsauger durch die Wohnung ziehen, den Einkaufswagen durch den Supermarkt schieben, und ja, selbst die Toilette möchte er putzen.

Ab jetzt gilt für ihn „seba mach" – was für Paul heißt: „Selber machen!" Manchmal finde ich das ganz schön anstrengend, und manche Tage kommen mir wie eine riesengroße

Herausforderung vor. Besonders dann, wenn er in die Küche rennt, die Schubladen aufreißt und irgendwie versucht, dort mitzumachen. Und wieder einmal stelle ich mir die Frage: Wie soll das mit Kleinkind in der Küche überhaupt funktionieren?

Gut zu wissen – Infobox

Die Küche ist ein genialer Lernort für alle Familienmitglieder. Wenn du sie entsprechend auf dein Kind vorbereitest, kann es dort genau seiner Entwicklungsphase nach aktiv werden und sich ausprobieren. Es wird ganz viel „selber machen" können und dabei tolle Fertigkeiten entwickeln. Und das Schönste für dich: Du kannst dein Kind bei seinen Fortschritten begleiten, es sinnvoll beschäftigen und dabei selbst in der Küche aktiv sein.

Fördern heißt machen und machen lassen. Bereite dich und deine Küche vor. Zeig deinem Kind, was es selber machen kann, dann beobachte. Geduld ist gefragt – und deine Küche sollte für dein Kind zugänglich sein. Es darf sie immer betreten und genauso darin wirken wie du. Natürlich gibt es klare Regeln. Idealerweise richtest du deinem Kind einen eigenen Bereich ein. Vielleicht gibt es ein bis zwei Schubladen oder einen eigenen kleinen Schrank, der in dieser Zeit nur mit Geschirr und Kochutensilien für dein Kind ausgestattet ist.

Alltagsimpulse

Dein Kind ist noch ganz neu in der Küche unterwegs, darf sich langsam einfinden und den Umgang mit Küchenutensilien und Lebensmitteln lernen.

Es hilft ihm sehr, wenn du dabei Folgendes beachtest:

Je weniger, desto übersichtlicher
Dein Kind befindet sich in der sensiblen Phase für Ordnung (siehe Kapitel 4). Es benötigt einen Überblick, um sich orientieren zu können. Wenig Geschirr ist also gut und hilfreich. Es reicht völlig aus, wenn du nur ein Teil in jeder Größe hast.

Je echter, desto verantwortungsbewusster
Kinder orientieren sich an der Welt des Erwachsenen. Sie wollen also genau den gleichen Kochlöffel, genau den gleichen Topf und Teller wie Mama oder Papa. Sie möchten die „echte" Welt kennenlernen. Kinder benötigen keine Plastikteller oder Tassen. Anhand des echten Geschirrs lernen sie auch, dass es zerbrechlich ist. Ein achtsamer Umgang kann schlecht an Plastikgeschirr geübt werden. Biete also Küchenutensilien an, die aus der „Erwachsenenwelt" kommen und realistisch sind.

Je kleiner, desto handhabbarer
Kinder benötigen echtes Geschirr, das für Kinderhände geeignet ist. Du brauchst also ein Schneidebrett in Kindergröße, ein Kinderschneidemesser und Kuchenteller oder Tassenuntersetzer als Teller für dein Kind. Beachte die Körpergröße deines

Kindes und schau, ob es die Gegenstände gut händeln kann. Eine Kinderschürze zum Schutz der Kleidung ist hilfreich.

Dein Kind beobachtet dich bei allem, was du tust. Es ist also wichtig, dass es gut zuschauen kann. Entweder braucht es eine Erhöhung, um auf die Arbeitsplatte zu schauen („Lernturm" oder Hocker), oder du musst deine Arbeiten mit deinem Kind auf Augenhöhe machen können. Dazu benötigt ihr entweder eine niedrige Arbeitsplatte oder einen Kindertisch in der Küche.

Je leichter, desto erfolgreicher
Dein Kind hat nun seine eigenen Küchenutensilien, es kann neben dir arbeiten. Es kann losgehen. Vorzugsweise wählt ihr einen Tageszeitpunkt, an dem es ausgeschlafen und noch nicht sehr hungrig ist und ihr genügend Zeit habt. Oft bietet sich dazu ein kleiner Snack am Nachmittag an.

Hier ein Beispiel zum Ausprobieren.

Der BananenSnack

Du leitest dein Kind Schritt für Schritt an. Das könnte in der Reihenfolge so aussehen:

Arbeitsplatz vorbereiten
- ▶ Hände waschen, Kochschürze anziehen (die Kochschürze signalisiert klar den Beginn der Küchentätigkeit)
- ▶ Schneidebrett herausholen

- Schneidemesser zurechtlegen
- Abfallschale hinstellen
- Teller hinstellen
- Banane holen

Banane schälen
- Zeige deinem Kind, wie das geht, und lass es selbst versuchen. Unterstütze nur, wenn es Hilfe benötigt.
- Zeige, wo die Bananenschale abgelegt wird. Biete dazu eine Abfallschale direkt am Arbeitsplatz an (ansonsten muss dein Kind mit einzelnen Bananenschalen-Teilen in der Hand immer wieder zum Mülleimer laufen).

Banane schneiden
- Mache deinem Kind vor, wie ein Stück Banane abgeschnitten wird. Führe die Bewegung langsam aus. Schneide dabei niemals die Banane in der Hand. Sie MUSS abgelegt werden und auf dem Schneidebrett geschnitten werden. Schneide ein Stück ab und lege es auf den Teller. Dann lass es dein Kind versuchen.
- Unterstütze nur, wenn es Hilfe benötigt.

Arbeitsplatz aufräumen
Bringt alle schmutzigen Gegenstände in die Spülmaschine oder zum Spülbecken. Zeige deinem Kind, wie es die Gegenstände einräumt. Zu einem späteren Zeitpunkt machst du vor, wie man diese Dinge abspült, abtrocknet und wieder wegräumt. Im Kleinkindalter, zwischen zwei und drei Jahren,

könnte die Aufmerksamkeitsspanne noch zu kurz sein, sodass das Ablegen zunächst ausreicht.

Essensort herrichten
Lass dein Kind den Teller mit der geschnittenen Banane an seinen Essensort bringen. Nachmittags bietet sich dazu ein Tisch in Kinderhöhe an. Dein Kind stellt den Teller ab, holt noch ein Glas, eine Karaffe mit Wasser und einen Lappen.

Schmecken lassen :-)
Dein Kind kann sich nun genüsslich seine selbst geschnittene Banane schmecken lassen. Dazu kann es Wasser aus dem Glas trinken. Danach muss es sich vermutlich die Hände und den Mund mit dem Lappen abwischen.

Aufräumen
- ▶ Wenn dein Kind fertig ist, bringt es die gebrauchten Gegenstände wieder in die Küche (Spülmaschine/Spüle).
- ▶ Die Abfallschale wird über dem Mülleimer ausgeschüttet und ebenfalls zur Spüle/Spülmaschine gebracht.

Kindersicherheit ernst nehmen
Zu beachten ist, dass dein Kind in diesem Alter niemals unbeaufsichtigt in der Küche tätig sein sollte. Es wird dir auch zunehmend Fragen stellen und weitere Küchengeräte nutzen wollen. Bitte achte immer darauf, dass du dein Kind im Blick hast. Steckdosen, Herd, scharfe Schneidemesser sind in diesem Alter tabu. Das kannst du ganz sachlich erläutern, sollte dein Kind danach fragen.

Lernen leicht gemacht
Anhand des Bananensnack-Beispiels siehst du, dass dein Kind es schafft, sich seinen eigenen Snack zuzubereiten. Es lernt in dieser Phase ganz viel aus eigenem Antrieb:

- Selbstorganisation (was benötige ich alles? Wo finde ich das? Wohin räume ich es?)
- Geduld, Ausdauer (es dauert lange, bis so eine Banane geschält und geschnitten ist)
- Verantwortung (das benutzte Geschirr wird wieder an seinen Platz geräumt, es wird achtsam damit umgegangen)
- feinmotorisches Geschick (Banane schälen, schneiden)
- Selbstständigkeit (ich kann das allein)
- Selbstwertgefühl (ich darf auch etwas selber machen, meine Eltern lassen mich das machen)

Dein Kind möchte selbst etwas machen, und dazu braucht es natürlich Anleitung und Vorbereitung. Es braucht Eltern, die es beobachten, Zutrauen haben und es dann auch machen lassen. Dein Kind wird ein wenig Übung brauchen. Lasse ihm Zeit und versuche, dich selbst zu bremsen. So ein Ablauf darf durchaus eine Stunde oder länger dauern.

Sollte dein Kind keine Banane mögen, so bieten sich natürlich auch andere „Snackvarianten" für ein langsames Herantasten an die Küche an. Wie bei dem Beispiel mit der Banane beschrieben, könntest du dein Kind genauso eine Schale mit Naturjoghurt befüllen und ein paar Rosinen daraufstreuen lassen. Nüsse (möglichst klein gehackt, um Verschlucken zu vermeiden) in eine Schale füllen, kleine Tomaten, kleine Cracker oder Ähnliches bieten sich ebenfalls gut an.

Wir wünschen euch ganz viel Spaß beim gemeinsamen Werkeln in der Küche!

Elternweisheit

Fördern heißt machen und machen lassen – das gilt besonders in der Küche!

6. Ausreichend Bewegung?

DURCH ANGEBOTE, ZEIT UND
RAUM BEWEGUNG GEZIELT
FÖRDERN

Paul & Paula

Ich gehe mit Paul und Paula spazieren. Stöcke werden aufgehoben, Steine umgedreht, Käfer beobachtet, Müll untersucht und die Geräusche von vorbeifahrenden Autos nachgemacht. Beide bleiben häufig stehen oder rennen ganz plötzlich los. Sie lachen und hüpfen, und zwischendurch fließen auch mal Tränen.

Seit ich Kinder habe, scheint irgendwie alles in Bewegung zu sein. Paul und Paula wirken auf mich wie zwei Entdecker, die niemals ruhen. Irgendwie ist alles interessant, muss angefasst, hochgenommen und verändert werden. Sie sind superaktiv, drinnen wie draußen. Sie laufen, hüpfen, klettern über alles und jeden Gegenstand und sorgen dafür, dass auch ich ständig in Bewegung bin. Und wieder einmal stelle ich mir die Frage: Wie werde ich dieser Bewegungsfreude überhaupt gerecht?

Gut zu wissen – Infobox

Der enorme Bewegungsdrang bei Kindern ist erklärbar. Denn nur durch Bewegung passiert Entwicklung. Dein Kind bringt ein natürliches Streben nach Unabhängigkeit mit. Es möchte irgendwann groß werden und sich alle dazu nötigen Fertigkeiten aneignen. So hat es sich im ersten Lebensjahr von der Flüssignahrung auf feste Nahrung umgestellt, sich vom Drehen hin bis zum Laufen weiterentwickelt, die ersten Wörter gesprochen und zunehmend gelernt, als eigene – unabhängige – Person zu kommunizieren. Eine Art innerer Antrieb hält dein Kind in Bewegung.

Dabei lässt sich die Bewegungsentwicklung hinsichtlich der Grob- und Feinmotorik unterscheiden. Bei der Grobmotorik geht es um die Bewegungsfunktionen des Körpers, also um die Gesamtheit der Muskelbewegungen, wie um das Krabbeln, Laufen, Hüpfen, Klettern. Sie erfordert u. a. ein entsprechend entwickeltes Gespür für das Gleichgewicht, ausreichende Muskelspannung und ein ganzheitliches Körpergefühl.

Gut zu wissen – Infobox

Unter Feinmotorik werden gezielte, sehr präzise und kleine Bewegungen verstanden. Hier geht es um eine koordinierte Bewegung der Handgeschicklichkeit, der Hand- und Fingerkraft, die Auge-Hand-Koordination, Zielgenauigkeit und um exakte Einzelbewegungen.

Zudem umfasst die Feinmotorik die Entwicklung der Mundmotorik, der Augenmuskulatur und der Gesichtsmuskulatur. Die Entwicklung der Handgeschicklichkeit geht einher mit der Gesamtentwicklung. Erst dann, wenn dein Kind Dinge im buchstäblichen Sinne begreifen kann, kann es sie auch verinnerlichen und verstehen.

Die Bewegungsfreude ist also ein ganz natürlicher Antrieb. Werde ihr gerecht, indem du Anlässe und Möglichkeiten dafür schaffst.

Alltagsimpulse

Dein Kind ist ganzheitlich bewegungsorientiert. Es möchte sich in seiner Grob- und seiner Feinmotorik weiterentwickeln, und das möglichst zielgerichtet. Beobachte, woran es gerade die meiste Freude zeigt, und biete dementsprechende Möglichkeiten an. Gib ihm Raum, Dinge auszuprobieren und selbst zu versuchen.

Kinderspaziergang ermöglichen
Mache „Kinderspaziergänge". Dabei bestimmt dein Kind Weg und Tempo. Es kann durchaus vorkommen, dass ihr eine Stunde unterwegs seid und euch lediglich wenige Meter fortbewegt. Dadurch kann dein Kind seinem inneren Bewegungs- und Erkundungsdrang komplett nachgehen. Hierbei ist der Weg das Ziel.

Kinderwagenfahrten reduzieren
Jede Fahrt im Kinderwagen ist eine, bei der sich dein Kind nicht bewegt hat. Sofern es ausgeschlafen und aktiv ist, lasse es möglichst häufig selbst laufen. Plane entsprechend viel Zeit ein.

Spielplatz und Natur erleben
Ermögliche deinem Kind möglichst viel Freiraum in seiner Bewegung, auf dem Spielplatz, in Parkanlagen oder in Wäldern. Lass es sich selbst ausprobieren. Hilf nur dann, wenn es wirklich Hilfe einfordert – so viel wie nötig, so wenig wie möglich. Traue und mute ihm Erfahrungen zu. Lass es balancieren, klet-

tern, rutschen, schaukeln, springen, rennen, kriechen. Achte darauf, dass es durch seine Kleidung in seiner Bewegungsfreiheit nicht einschränkt wird. Es sollte sich dreckig machen dürfen, und es darf auch mal etwas kaputtgehen.

Mit schweren Gegenständen hantieren
Unterstütze die Entwicklung eines Körpergefühls, indem du dein Kind Dinge schieben und heben lässt. Lass es mit Hockern, Stühlen, Kisten, Truhen, Kartons hantieren. Es muss erfahren, dass Dinge schwer, ja manchmal zu schwer zum Hochheben sein können.

Mundmotorik fördern
Nehmt euch Strohhalme, etwas Watte und pustet euch diese entgegen. Lass dein Kind „Blubberblasen" in einem Wasserglas machen oder streckt euch gegenseitig die Zunge heraus, versucht, Kreise zu ziehen, die Ober- oder Unterlippe zu erreichen. Das sind Spaßaktionen, die gleichzeitig fördern!

Mimik nachmachen
Schaut eure Gesichter im Spiegel an und schneidet lustige Grimassen. Zeigt euch gegenseitig traurige, fröhliche, wütende und alberne Gesichter. Davon könnt ihr Fotos machen, diese aufhängen, ab und an nachmachen. Sprecht über Gefühle, zum Beispiel angeregt durch Geschichten aus Kinderbüchern. Imitiert die Gefühle durch Grimassen.

Kneten lassen
Biete deinem Kind die Möglichkeit, mit beiden Händen aktiv zu werden. Lass es mit Knete oder mit Sand hantieren. Gib ihm möglichst keine Vorgaben. Es muss keine bestimmte Figur geknetet und auch kein besonderer Kuchen „gebacken" werden. Je freier dein Kind ausprobieren kann, desto aktiver kann es seine Fingermuskulatur betätigen.

Unterschiedliches Malen ausprobieren
Auch Kleinkinder können malen. Von wenig Farben und Vorgaben wird dein Kind profitieren. Starte zum Beispiel mit nur einer Farbe oder lediglich mit den Grundfarben. Biete Fingerfarben, dicke Stifte, dicke Pinsel an, die dein Kind gut greifen kann. Gib ihm Raum zum Ausprobieren. Gemeinsam könnt ihr auch probieren, mit den Füßen oder dem Mund zu malen. Steckt euch mal einen Stift zwischen die Zehen oder zwischen die Lippen und versucht, auf Papier zu malen. Spaßfaktor inklusive!

Bewegungsmaterial zur Auge-Hand-Koordination anbieten
Es gibt viele Spielsachen und Materialien, mit denen du der Bewegungsfreude deines Kindes entgegenkommst und zugleich die Entwicklung der Auge-Hand-Koordination unterstützen kannst. Beobachte, für welches Thema sich dein Kind interessiert. Für das Einfüllen, Ausschütten, Ziehen, Stecken, Drehen, Drücken, Schieben, Werfen.

Biete entsprechende Anregungen an, wie beispielsweise große Perlen auf eine Schnur auffädeln, Ohrenstäbchen in ein

Gefäß mit kleinem Loch hineinstecken, lass es Tücher aus einer Box mit schmalem Schlitz herausziehen, ein Ei oder eine Mandarine selber schälen, Deckel auf- und zudrehen, mit einem Messer oder einer Schere schneiden, sich ein Getränk selbst einschenken oder einen Schlüssel in ein Schloss stecken.

> ### Elternweisheit
>
> Lerne von deinem Kind: Bewegung bringt uns voran – in jeder Hinsicht!

7. Dein Kind hört nicht mehr auf dich?

MIT ZUWENDUNG, GEDULD
UND KLARHEIT KONFLIKTE
GEMEINSAM MEISTERN

Paul & Paula

Wir sind auf dem Spielplatz und müssen nach Hause gehen. Paul will nicht. Er bleibt einfach sitzen. Sobald ich mich ihm nähere, schreit er mir ganz laut sein „Nein!!!" entgegen. Er durfte noch zwei Mal rutschen, dann wollten wir gehen. Ich bitte ihn, versuche, ihn abzulenken, nichts hilft. Er hört einfach nicht auf mich. Genauso erlebe ich es auch immer wieder mit Paula. Sitzen wir im Auto, singt sie so laut, dass ich mich schlecht konzentrieren kann. Dann tritt sie von hinten gegen den Sitz. Ich ermahne sie, erkläre und möchte einfach nur, dass sie aufhört.

Oft passiert dann das Gegenteil. Sie singt dann extra laut, und irgendwann schreien wir uns an. Sind wir bei Freunden zu Besuch, dann fassen Paul und Paula alles an. Sie nehmen

Gegenstände aus den Regalen, werfen sich diese zu oder schmeißen sie absichtlich auf den Boden. Das stresst mich enorm. Für sie bin ich dann Luft. Egal, wie ich mich verhalte, sie machen einfach weiter. Manches Mal lächeln sie mich dabei sogar an. Besonders schlimm ist es für mich, wenn sie mich aus ihrer Wut heraus schlagen. In solchen Situationen fühle ich mich sehr hilflos. Und wieder einmal stelle ich mir die Frage: Warum hören sie nicht mehr auf mich? Was kann ich tun?

Gut zu wissen – Infobox

In der ersten Hälfte des zweiten Lebensjahres passiert ein gewaltiger Umbruch. Dein Baby hat sich zum Kleinkind entwickelt. Es gab einen Loslösungsprozess auf vielen Ebenen. Es trinkt (weitestgehend) nicht mehr an der Brust, hat Zähne, kann eigenständig essen, hat seine sprachlichen und motorischen Fähigkeiten so stark weiterentwickelt, dass es jetzt sogar laufen kann. Es kann nun selbst auf Entdeckungstour gehen. Es möchte zunehmend Dinge selbst ausprobieren und machen.

Diese Zeit ist der Übergang von der Abhängigkeit hin zur Selbstständigkeit. Deshalb wird sie als „Autonomiephase" oder auch als „Trotzphase" bezeichnet. Für Eltern bedeutet das eine radikale Umstellung. Dinge, die bisher einfach „am und mit dem Kind gemacht wurden", funktionieren so nicht mehr.

Gut zu wissen – Infobox

Eine kleine Persönlichkeit signalisiert laut und deutlich, dass sie jetzt als solche gesehen und ernst genommen werden möchte. Keinesfalls möchten Kinder Erwachsene damit bewusst ärgern. Vielmehr zeigen sie durch ihr ausgesprochenes „Nein!" oder rebellierendes Verhalten, dass sie gleichwertig behandelt werden und damit ihre Position in der Familie einnehmen wollen.

Ohne ihren starken Widerstand würden ihnen Handlungen durch Erwachsene oder auch durch ältere Geschwister weiterhin häufig abgenommen werden. Nur durch ihren lauten Protest wird das eigene Ausprobieren, Verhandeln und auch Scheitern möglich. So sichern sie ihre Weiterentwicklung.

Das „Nicht hören" gehört also zur Weiterentwicklung der kleinen Persönlichkeit dazu. Die Ausprägungen sind dabei ganz unterschiedlich, und diese Phase kann durchaus mehrere Jahre andauern.

Alltagsimpulse

Diese Zeit des Umbruches ist zweifelsohne sehr anstrengend und herausfordernd für Eltern. Sie verlangt einem alles ab und lädt gleichzeitig dazu ein, sich auf die Beziehung zueinander neu einzulassen. Auch wenn es oftmals schwierig ist, in konkreten Situationen die Gründe und Ursachen für bestimmtes ablehnendes oder auch provozierendes Verhalten zu erkennen, so lohnt es sich, den Kindern mit Verständnis entgegenzutreten und sie dadurch auf ihrem Weg zur Unabhängigkeit zu unterstützen.

Verständnis für Widerstand haben
Frust entsteht dann, wenn Personen Unterschiedliches wollen, unterschiedliche Ziele haben. Dein Kind möchte morgens spielen, und du musst zeitig los. Dein Kind verhält sich nie grundlos ablehnend, ignorant oder aggressiv. Wenn zum Beispiel die Durchführung eines Rituals („Mama winkt immer beim Abschied", „Ich steige immer als Erstes ins Auto ein") missachtet wird, kann dein Kind persönlich sehr gekränkt und verletzt sein. Enttäuschte Erwartungen führen zu emotionalen Verletzungen. Versuche, dich in dein Kind hineinzuversetzen. Was passt ihm gerade nicht? Was hast du übersehen? Es lohnt sich, nach den Gründen zu suchen, und ein Gegensteuern wird einfacher.

Dialog und Beteiligung ermöglichen
Beziehe dein Kind in Entscheidungen mit ein, die es direkt

betreffen. Überlasse ihm die Wahl und respektiere dann seine Entscheidung: „Möchtest du heute diese Socken anziehen oder diese hier?" Frag es nach seiner Meinung und nach seinen Ideen, ohne vorab direkt deine zu verkünden: „Was wollen wir heute Mittag essen? Hast du eine Idee?" Entsprechend könntest du die oben geschilderte Spielplatzsituation angehen. Geh in den direkten Kontakt: „Ich sehe, du möchtest noch rutschen. Ich möchte jetzt nach Hause. Wie wollen wir es machen?" Somit eröffnest du Raum zur Mitbestimmung, zur Verhandlung und zur Lösung durch einen Kompromiss. Das sind tolle Fähigkeiten, die dein Kind weiterbringen. Achte die Bedürfnisse aller Familienmitglieder und bleib selbst flexibel.

Zeit lassen
Wenn dein Kind etwas Bestimmtes tun soll, wozu es keine Lust hat, dann lass ihm Zeit. Bitte es zum Beispiel, seinen Teller abzuräumen. Benenne deinen Wunsch einmal deutlich und verhalte dich vorbildlich dazu. Du bringst also deinen Teller weg. Jetzt gib deinem Kind Zeit, indem du dich mit etwas anderem beschäftigst. Dies ermöglicht deinem Kind, von seiner ursprünglichen „Nein-Haltung" abzuweichen. Bedenke, dass du durch Druck immer Gegendruck erzeugst.

Achtsam Grenzen setzen und Alternativen bieten
Unterscheide, ob akut Gefahr besteht, äußere Umstände Grenzen erfordern oder eine flexible Ausgestaltung möglich ist. Bei Ersteren muss gehandelt und die Meinung deines Kindes – im Zweifel – übergangen werden. Der Alltag ermöglicht

jedoch viel Spielraum und flexible Gestaltung von Mitbestimmung und Grenzsetzung. Bleib den Bedürfnissen und Wünschen deines Kindes gegenüber aufgeschlossen. Lass es ruhig an einem Sonnentag mit Gummistiefeln herumlaufen. Lass es ausprobieren, experimentieren, mute ihm seine eigenen Erfahrungen zu. Überlege vorab, ob du ein von dir gesagtes „Nein!" durchziehen kannst und ob es überhaupt notwendig ist. Setzt du eine Grenze, biete eine Alternative an. Was darf dein Kind stattdessen tun?

Gewünschtes Verhalten benennen
Benenne, was du haben möchtest oder was beabsichtigt ist. Bei der Autofahrt kannst du sagen: „Ich möchte, dass du ruhig bist." Denn ein „Nicht" wird von Kindern schnell überhört und hat zur Folge, dass unerwünschtes Verhalten durch solche Formulierungen eher begünstigt wird. Du sagst: „Ich möchte nicht, dass du singst", und bei deinem Kind kommt an: „Ich möchte, dass du singst." Biete zudem Handlungsalternativen an. „Ich möchte, dass du ruhig bist. Magst du dir ein paar Bücher anschauen oder leise Musik hören?"

Falsche Unterstellung meiden
Oft tendieren Eltern dazu, ihren Kindern ein bestimmtes Verhalten oder Absichten zu unterstellen, greifen dann zu früh ein oder nehmen Dinge vorweg. Dein Kind nimmt sich beispielsweise ein Glas und rennt auf ein anderes Kind zu. Sofort reagierst du: „Halt, pass auf! Sei vorsichtig! Du rennst das andere Kind sonst um." Durch Abwarten und Beobachten er-

kennst du, dass sich dein Kind häufig ganz anders verhält, als du es erwartet hättest. Lieber noch einmal durchatmen, bevor du handelst, kommentierst und eingreifst.

Provokationen mit Zuwendung beantworten
Nicht hören, freche Antworten, nachäffen, Schimpfwörter sind verletzend, und dennoch möchte dich dein Kind damit nicht bewusst provozieren oder gar ärgern. Versuche zu verstehen, warum es sich so verhält. Oft spiegeln Kinder das eigene Verhalten. Hast du beispielsweise viel geschimpft oder zu lange auf es eingeredet? Wir fühlen uns auch dann provoziert, wenn Kinder Gespräche mit anderen Erwachsenen stören und unterbrechen. Vermutlich sehnt sich dein Kind in solchen Situationen nach deiner ungeteilten Aufmerksamkeit, wie zum Beispiel nach einem langen Tag im Kindergarten, in dem es sehr lange kooperieren musste. Auch wenn es paradox klingen mag: Bestrafe dein Kind nicht mit Ablehnung, sondern schenke ihm Zuwendung und deine Aufmerksamkeit, wenn es dich ärgert, stört und provoziert.

Gefühle versprachlichen und bei sich bleiben statt Vorwürfe machen
Eltern dürfen wütend, verärgert und auch mal laut sein. Wichtig ist, dass du dein Kind nie persönlich angreifst. Vermeide solche tiefen Verletzungen, die sich massiv auf das Selbstwertgefühl auswirken können. Sprich von dir. Benenne deine Gefühle und das, was dein Kind durch sein Verhalten bei dir auslöst. Damit vermeidest du Vorwürfe und Anschuldigungen.

„Ich bin stinkwütend, dass jetzt hier wieder alles dreckig ist. Das ärgert mich so sehr, dass ich platzen könnte. Ich könnte jetzt schreien und muss mich erst mal wieder beruhigen." Damit bleibst du emotional ganz bei dir, und die Botschaft dahinter kommt direkt bei deinem Kind an. Anders, als würdest du sagen: „Ich habe dir schon tausend Mal gesagt, dass du mit deinen Schuhen hier nicht reingehen darfst. Man lässt sie vor der Tür stehen. Wann kapierst du das endlich?"

Umgang mit der eigenen Wut kontrollieren
Es ärgert einen, wenn Kinder nicht so „funktionieren", wie man es in bestimmten Situationen gerne hätte. Wenn sie einen dann noch verletzen oder sogar körperlich aggressiv werden, kann der eigene Stresspegel ganz schön steigen. Versuche, in solchen Konfliktsituationen möglichst ruhig zu reagieren. Oft hilft ein bewusstes, tiefes Durchatmen oder auch ein kurzzeitiges Verlassen des Raumes. Die eigenen Emotionen übertragen sich unmittelbar auf Kinder. Je ruhiger und gelassener du reagieren kannst, desto eher kannst du dein Kind wieder erreichen.

Wutanfall emotional auffangen
Kinder sind innerhalb der ersten vier Jahre mit ihrer Eigenregulation noch sehr überfordert. Versuche deshalb, dein Kind emotional aufzufangen und zu begleiten. Auch, wenn es dich während eines Wutanfalls nicht an sich heranlassen möchte, registriert es deine Nähe und Präsenz. Wahre den Abstand, den es haben möchte. Worte erreichen

dein Kind in dieser Situation nicht, doch für deine Mimik und Stimmlage ist es empfänglich. Ein ernst gemeintes, mitfühlendes „Ohhhh" wird dein Kind wahrnehmen. Sobald es sich beruhigt hat, kannst du erneut Nähe anbieten und es tröstend in die Arme schließen.

Regelmäßiger Tagesablauf
Übermüdung, Überreizung und Überforderung können die Wut bei Kindern verstärken. Achte darauf, dass ihr einen möglichst regelmäßigen Tagesablauf mit festen Mahl- und Schlafzeiten habt. Euer Tagesprogramm sollte nicht zu „voll" sein. Ruhezeiten und viel Zeit mit den Elternteilen sind ganz wichtig und tragen zur Entspannung bei.

Elternweisheit

Kinder, die nicht mehr hören wollen, sind auf dem besten Weg, selbstständig und unabhängig zu werden!

8. Spielzeugflut im Kinderzimmer?

WENIGER UND SINNVOLLES SPIELZEUG RETTEN DAVOR

Paul & Paula

Werfe ich einen Blick in Paul und Paulas Kinderzimmer, sehe ich, dass Paula mittlerweile vier Puppen, ein Puppenbett und einen Puppenwagen für ihre Babys hat. Dazu kommen ihre Spielzeugeisenbahn, ihre Mal- und Bastelsachen, erste Brettspiele und Puzzles, Musikinstrumente, eine Verkleidungskiste und noch viel Kleinkram.

Paul ist umgeben von unzähligen Kuscheltieren und Fahrzeugen, die die unterschiedlichsten Geräusche von sich geben. Dazu gibt es Bausteine, sprechende Figuren, schrille Teppiche, Magnete mit Fantasiefiguren, etliche Bücher, eine Tafel, Aufkleber, ein Knetset, Springseile, ein Rutschauto und, und, und. Und wieder einmal stelle ich mir die Frage: Welche Spielsachen sind sinnvoll für meine Kinder, und wie rette ich uns vor der Spielzeugflut?

Gut zu wissen – Infobox

Der Umgang mit Spielsachen ist ein sehr sensibles Thema. Jeder Mensch assoziiert eigene Erinnerungen damit. Die eigenen Kinder sollen ähnlich schöne Erfahrungen damit sammeln können, gleiche Sachen bekommen oder sogar viel mehr, als man selbst hatte. Mit Spielsachen wird an die eigene Kindheit angeknüpft, sodass eine Auseinandersetzung damit unterschiedlich herausfordernd und sehr emotional sein kann.

Tatsächlich lassen sich Spielsachen hinsichtlich ihrer Qualität unterschiedlich einordnen. Spielsachen sind dann sinnvoll, wenn sie an die Entwicklung deines Kindes anknüpfen. Die, die unterfordern oder gar überfordern, sind ungeeignet. Oftmals erkennst du das daran, dass sich dein Kind nur kurzzeitig damit beschäftigt und nicht wirklich weiß, was es damit tun kann. Es wird die Gegenstände vermutlich schnell im Raum umherwerfen, sie vielleicht kaputt machen oder komplett ignorieren. Spielsachen dagegen, die der Entwicklung deines Kindes entsprechen, üben einen Reiz, eine Faszination auf dein Kind aus.

Gut zu wissen – Infobox

Spielsachen, denen dein Kind die volle Aufmerksamkeit schenkt, mit denen es aktiv etwas tun kann, fordern und fördern es in seiner Weiterentwicklung hinsichtlich der Koordinations- und Konzentrationsfähigkeit, der Ausbildung der Sinne, der Selbstständigkeit, der Ordnung und sogar des Selbstwertgefühls.

In den ersten drei Lebensjahren steckt dein Kind in einer Entwicklungsphase, in der es die Welt erkunden und verstehen möchte. Zudem möchte es seine erworbenen Fähigkeiten, wie beispielsweise das Greifen, das Laufen und das Sprechen, weiterentwickeln und vertiefen. In diesem Alter bieten sich also alle Spielsachen und Materialien an, die möglichst auf diese Bedürfnisse eingehen und der „echten Welt" entsprechen.

Gut zu wissen – Infobox

Wenn du kochst, möchte dein Kind auch kochen, am liebsten in der echten Küche mit echten Utensilien (in Kindergröße). In den ersten drei Jahren bieten sich ganz praktische Dinge aus dem eigenen Haushalt zur Erkundung und Weiterentwicklung an.

Kuscheltiere sollten im Aussehen realen Tieren entsprechen, sodass diese in der Natur oder im Zoo wiedererkannt und mit der Realität abgeglichen werden können.

Wenn in dieser Zeit von der Wirklichkeit ausgegangen wird, wird deinem Kind später die Abstraktionsfähigkeit erleichtert. Die Spielsachen sollten sich der rasanten Entwicklung deines Kindes anpassen und altersentsprechend angeboten, ausgetauscht und verändert werden.

Alltagsimpulse

Wenn du herausfinden möchtest, welches Spielzeug sinnvoll für dein Kind ist, dann sieh dir seinen Umgang damit genau an. Interessiert es sich dafür? Was kann es damit lernen? Welche Fähigkeit wird damit erworben oder vertieft? Beobachte die Auge-Hand-Koordination des Kindes, die Aufmerksamkeitsfähigkeit, die Bewegungsrichtungen, die Sinneserfahrungen, die Ordnungsstruktur und die Sprachentwicklung. Angelehnt an Maria Montessori kannst du das Spielmaterial nach den folgenden Kriterien einordnen:

Attraktivität und Haltbarkeit
Auch Spielzeug hat Vorbildcharakter. Schönes, hochwertiges Spielzeug oder ästhetisch zusammengestellte Materialien wirken ansprechend und verleiten dein Kind indirekt zu einem verantwortungsbewussteren Umgang damit. Dazu bieten sich Naturmaterialien, offene Körbe und eine übersichtliche Anzahl der Dinge besonders gut an. Überprüfe, ob das Spielzeug den Anforderungen hinsichtlich der Haltbarkeit gerecht wird. Dein Kind nimmt es vielleicht in den Mund, mag es fallen lassen oder auch einmal auf den Boden werfen. Es sollte stabil und langlebig sein.

Einladung zur aktiven Auseinandersetzung
Dein Kind sollte die Spielsachen selbstständig erreichen können, deine Hilfe dazu nicht benötigen und sofort sehen, dass es damit etwas tun kann. Sinnvoll ist Spielzeug dann, wenn

es vielfältige Anregungen zum selbstständigen Handeln, abwechslungsreiche Wiederholungen und Varianten bietet. Ein Holzwürfel mit unterschiedlichen Körpern zum Hineindrücken in die entsprechenden Öffnungen könnte das Interesse deines Kindes am aktiven Tun wecken. Dein Kind hat vielfältige Erkundungsmöglichkeiten, kann beliebig oft die Holzkörper in die Öffnungen schieben (Wiederholung) und beispielsweise in unterschiedlicher Reihenfolge vorgehen (Variante).

Orientierung durch Begrenzung
Viele Spielsachen wirken reizüberflutend auf Kinder. Das sind zum Beispiel Objekte, die sich batteriebetrieben bewegen, Töne oder Melodien von sich geben, der Fantasie entnommen und schrill und bunt gefärbt sind. Bedenke, dass dein Kind innerhalb der ersten drei Lebensjahre noch dabei ist, seine Sinne auszubilden und zu verfeinern. Das geschieht schrittweise und isoliert am besten. Hinterfrage, welche Sinne mit dem entsprechenden Spielzeug angesprochen werden. Ein Fühlmemory sollte aus Bausteinen der gleichen Farbe sein und lediglich unterschiedlich hinsichtlich der Oberflächenstruktur. Du kannst also die angesprochenen Sinne überprüfen und entsprechend einordnen und darüber hinaus die Anzahl an Spielmaterial im Allgemeinen begrenzen. Je übersichtlicher und geordneter du Spielsachen anbietest, desto überschaubarer und attraktiver werden sie für dein Kind: Weniger ist mehr. Und du kannst sie ja regelmäßig austauschen.

Lernerfahrung durch Fehler

Je unabhängiger dein Kind eigene Lernerfahrungen mit dem Spielmaterial machen kann, desto besser. Wenn dein Kind Holzbausteine aufeinanderstapelt, lernt es erst durch das Umfallen der Steine, dass Reihenfolge und Größe der Steine beim Aufbau zu beachten sind. Nur durch eine korrekte Drehbewegung, gepaart mit der entsprechenden Kraft, lassen sich Flaschenverschlüsse und Deckel auf- und abdrehen. Hinterfrage, ob das Spielzeug solch eine Lernerfahrung bietet.

Reizvoller Schwierigkeitsgrad

Ordne das Spielzeug hinsichtlich seiner Komplexität und Handhabung ein. Es sollte einen dem Alter und der Entwicklung deines Kindes entsprechenden Schwierigkeitsgrad bieten. Ein Puzzle sollte zunächst ein Motiv haben, das der Realität entspricht und für dein Kind einen Wiedererkennungswert hat (Tiere, Früchte, Kleidung). Zudem ist wichtig, dass es die einzelnen Teile gut greifen kann. Das Puzzle sollte große „Knöpfe" mittig auf jedem Teil haben, sodass dein Kind diese mit dem sogenannten. „Pfötchen-" oder „Dreifingergriff" umschließen kann.

Dies wäre auch schon eine Vorbereitung auf die spätere Stifthaltung. Die Anzahl der Puzzleteile sollte dein Kind fordern, aber nicht frustrieren. Bälle sollten nur so groß und schwer sein, dass dein Kind sie gut mit beiden Händen umfassen und einfach werfen kann.

Elternweisheit

Weniger ist mehr! Spielzeug ist dann sinnvoll, wenn es die Entwicklung vorantreibt.

9. Wie kann dein Kind Farben lernen?

DURCH BENENNEN, SPIELEN UND SINGEN WIRD DER ALLTAG BUNT!

Paul & Paula

Paula hat einen Luftballon geschenkt bekommen. Ganz freudig erzählt sie mir von ihrem orangefarbenen Ballon. Doch dieser ist gar nicht orange, sondern rot. Etwas irritiert schaue ich sie an und korrigiere sie natürlich. Später möchte ich es überprüfen und frage sie, ob sie mir bitte mal eine rote Wäscheklammer geben kann. Unter den bunt gemischten Wäscheklammern fischt sie eine heraus und hält sie mir entgegen. Diese ist rot.

In den nächsten Tagen fällt mir auf, dass ihr solche Verwechslungen immer wieder passieren. Und das mit den unterschiedlichsten Farben. Mal ist dann Grün in ihrer Welt plötzlich Blau, oder Orange ist Rot. Das verunsichert mich. Und wieder einmal stelle ich mir die Frage: Ab wann lernt mein Kind, die Farben zu unterscheiden, und wie kann ich es dabei unterstützen?

Gut zu wissen – Infobox

Das Sehen ist der Sinn, der nach der Geburt am wenigsten ausgereift ist. Das ist eigentlich verständlich, da die Ungeborenen im Mutterleib diesen noch am wenigsten schulen konnten. Im Vergleich ist zum Beispiel der Geschmackssinn so ausgereift, dass bereits nach der Geburt bestimmte Geschmackspräferenzen der Neugeborenen erkennbar sind.

Der Sehsinn darf sich also noch entwickeln. Und das wird er im Verlaufe des ersten Lebensjahres. Erst danach hat sich die Sehfähigkeit zu voller Stärke ausgebildet.

Obwohl Neugeborene bereits von Geburt an Farben erkennen können, zeigen sie zunächst bevorzugtes Interesse an bekannten Gesichtern aus direkter Nähe („Präferenzverhalten"). Sie reagieren stark auf Kontraste wie Schwarz-Weiß („Kontrastintensität").

Gut zu wissen – Infobox

Die Unterscheidung von ähnlichen Farbtönen gelingt noch nicht. Zunehmend können Babys Personen und Gegenstände in den Fokus nehmen und ihnen nach und nach mit dem Blick folgen. Etwa um den fünften Lebensmonat herum können sie Farbabstufungen besser erkennen und auch Pastelltöne voneinander unterscheiden. Erst mit etwa zwölf Monaten können Kleinkinder so gut sehen wie Erwachsene.

Ihre Sehschärfe konnte sich entsprechend entwickeln, ebenso wie ihre Tiefenwahrnehmung. Dein Kind kann nun also unterscheiden, ob ein Gegenstand nah oder fern liegt, und Personen in entsprechender Entfernung erkennen oder unterscheiden.

Dein Kind kann jetzt Farben und Farbnuancen voneinander unterscheiden und lernt schrittweise, diese zu benennen. Das Erlernen und Benennen von Farben steht folglich direkt im Zusammenhang mit der Sprachentwicklung, und diese verläuft sehr individuell.

Gut zu wissen – Infobox

Es gibt Kinder, die bereits mit zwei Jahren etliche Farben unterscheiden und korrekt benennen können, und dann wiederum gibt es welche, denen auch mit vier Jahren noch Verwechslungen passieren.

Ab etwa drei Jahren sollte dein Kind Farben grundsätzlich voneinander unterscheiden und benennen können. Allerdings sind Verwechslungen nicht dramatisch und können auch noch länger vorkommen.

Solltest du unsicher sein, dann scheu dich nicht, deinen Kinderarzt oder deine Kinderärztin anzusprechen. Diese überprüfen bei ihren Vorsorgeuntersuchungen auch das Sehvermögen deines Kindes und schließen zudem Farbfehlsichtigkeit, wie beispielsweise die Rot-Grün-Schwäche, aus.

Alltagsimpulse

Dein Kind kann etwa um das erste Lebensjahr herum genauso gut sehen wie du. Erst dann kann es alle Farben und Nuancen voneinander unterscheiden. Erinnere dich daran, dass sich die Sehfähigkeit erst noch entwickeln muss. Wenn sie voll ausgereift ist, beginnt eine sprachliche Verknüpfung mit den einzelnen Farben. Im Alltag kannst du dazu ganz spielerisch Anregungen geben.

Farben reduzieren
Achte darauf, dass du dein Baby im ersten Lebensjahr mit der Vielzahl an Farben nicht überlastest. Gängige Mobiles und auch Spielzeug speziell für Babys sind häufig viel zu bunt. Zudem bewegen sie sich und spielen unterschiedliche Musik vor. Wir als Eltern können das ganz toll finden, doch für die Kleinen kann diese Reizflut eine Überforderung bewirken. Biete eher Spielsachen an, die einfarbig und schlicht gehalten sind. Die Einfachheit gibt deinem Kind die Gelegenheit, sich voll darauf konzentrieren zu können.

Farben benennen
Benenne im Alltag Dinge auch farblich. Anstatt „Gib mir bitte den Ball zurück" kannst du sagen: „Gib mir bitte den roten Ball zurück." Benenne beim Anziehen die Farbe der Kleidungsstücke, des Obstes, bestimmter Tiere oder Gegenstände in eurem Haushalt. Aber übertreibe es nicht. Streue gelegentlich die Bezeichnung der entsprechenden Farbe ein. Beginne mit den Grundfarben Rot, Gelb und Blau.

Farben zuordnen
Farbige Gegenstände sind sehr reizvoll, und Kleinkinder haben viel Freude an der Ordnung und dem Sortieren von Dingen. Greife dieses Interesse auf und mache Zuordnungsspiele. Dazu kannst du zum Beispiel sagen: „Wir suchen jetzt einmal ein paar Gegenstände aus deinem Zimmer, die rot sind, und legen sie auf den Tisch." Ihr könnt auch Gegenstände aus der Natur sammeln, diese farblich zuordnen und sortieren.

Oder du nimmst farbige Wäscheklammern und gibst deinem Kind einen Suchauftrag: „Suche etwas Gelbes hier im Raum und befestige die gelbe Klammer daran." Das kannst du mit unterschiedlichen Farben machen und so lange, wie dein Kind Freude daran hat. Mische Knöpfe oder andere gleiche Gegenstände in drei unterschiedlichen Farben in einer Schüssel und lass sie dein Kind in einen grünen, einen roten und einen gelben Becher sortieren. Deiner Fantasie sind hier keine Grenzen gesetzt.

Farben singen
Suche Fingerspiele, Reime oder Lieder heraus, in denen Farben vorkommen. Singt gemeinsam und zeigt dabei auf die entsprechenden Farben oder lass dein Kind die passende Farbe heraussuchen. Dazu eignen sich beispielsweise verschieden farbige Jongliertücher in einem Korb und das Lied: *Grün, grün, grün sind alle meine Kleider*.

Mit Farben spielen UND malen
Lasse dein Kind mit einer überschaubaren Anzahl an Farben (etwa zwei bis fünf) malen. Benenne dabei die Farbe, die es aussucht. Spielt gemeinsam das Spiel *Ich sehe was, was du nicht siehst*, auch wenn dein Kind die Regeln noch nicht hundertprozentig verinnerlicht hat. Du kannst es vereinfachen und sagst:
„Ich habe etwas gefunden, das ist rot. Weißt du, was das hier sein könnte? Siehst du etwas Rotes hier in deiner Nähe?"

Korrigieren überflüssig

Verwechslungen passieren. Du brauchst dein Kind nicht zu korrigieren. Es wird durch viele Übungen und Wiederholungen die Farbe mit der entsprechenden sprachlichen Bezeichnung verknüpfen. Gedulde dich und lasse deinem Kind Zeit.

> ## Elternweisheit
>
> Ohne Sprache bleibt die Welt für dein Kind farblos!

10. Ist dein Kind schüchtern?

SELBSTBEWUSSTSEIN DURCH AKZEPTANZ UND WERTSCHÄTZUNG FÖRDERN!

Paul & Paula

Ich spaziere mit Paula zum Bäcker. Wir wollen Brötchen einkaufen. Paula plaudert fröhlich und hüpft dabei den Bürgersteig entlang. Sie stellt etliche Fragen und scheint beim Sprechen kaum Luft zu holen. Gut gelaunt, freudig und in Erzähllaune erreichen wir den Bäcker. Wir gehen hinein, und plötzlich habe ich ein anderes Kind neben mir. Paula verstummt abrupt. Mit einem „Guten Morgen" werden wir freundlich begrüßt. Ich grüße zurück und schaue Paula erwartungsfroh an.

Sie blickt auf den Boden. Die Verkäuferin lächelt ihr zu und sagt: „Ich beiße doch nicht." Paula nimmt meine Hand, weiterhin stumm. In dem Moment, in dem wir die Bäckerei verlassen, hüpft Paula wieder los und stellt mir weiterhin unendlich viele Fragen. Jetzt ist sie wieder Paula. Und wieder einmal stelle ich mir die Frage: Wie wird mein Kind selbstbewusster?

Gut zu wissen – Infobox

Bevor man darüber nachdenkt, wie Selbstbewusstsein bei Kindern gestärkt werden kann, gilt es zu klären, was Selbstbewusstsein eigentlich meint und erfordert. Nähert man sich der Begrifflichkeit, so wird darunter verstanden, dass das Kind ganz aktiv seinen Platz und Raum zwischen anderen einnimmt. Und das mit Klarheit, Bestimmtheit und mit Wohlwollen.

Zudem braucht es Sicherheit in der Kommunikation und die Fähigkeit, spontan auf die Verhaltensweisen des Gegenübers zu reagieren. Klingt das zu viel für ein Kind unter drei Jahren? Ist es auch.

Die Erwartungshaltung, fremde Personen zu grüßen und sogar auf Fragen zu antworten, ist hier eindeutig zu hoch. Sie ist eine Überforderung für dein Kind. Durch die Einforderung dieses gesellschaftskonformen Verhaltens ist das Kind verunsichert. Denn Selbstbewusstsein entwickelt sich langsam aus einem gesunden Selbstgefühl heraus.

Gut zu wissen – Infobox

In Anlehnung an Jesper Juul gibt es Möglichkeiten, das Selbstgefühl zu stärken. Einmal durch das Gefühl und die Erfahrung, von mindestens einer wichtigen Person gesehen und akzeptiert zu werden, und zum anderen durch das Erlebnis, für andere Menschen wertvoll zu sein, ohne etwas dafür leisten zu müssen.

Hat dein Kind in den ersten drei Lebensjahren einen positiven Zugang zu sich selbst gefunden, hat es die Erfahrung gemacht, als Mensch – so wie es ist – wertvoll zu sein, dann wird es sich nach und nach anderen gegenüber positionieren können, und sein Selbstbewusstsein wird wachsen.

Das Wachstumstempo ist dabei, wie bei der körperlichen Entwicklung auch, von Kind zu Kind unterschiedlich und hängt zudem mit seiner individuellen Persönlichkeit zusammen.

Alltagsimpulse

In den ersten drei Lebensjahren kannst du dein Kind hinsichtlich seines Selbstgefühls stärken und damit die besten Voraussetzungen für die Entwicklung eines guten Selbstbewusstseins schaffen. Wie kann es gelingen, deinem Kind täglich zu zeigen, dass es eine wichtige Rolle – wenn nicht sogar die wichtigste Rolle – in deinem Leben spielt? Wie kannst du Wertschätzung und Anerkennung ausdrücken?

Sehen und wahrnehmen

„Papa, guck mal!" Es gibt viele Situationen, in denen dein Kind nach dir rufen wird und dich bittet zu schauen. Folge dieser Bitte und sieh hin. Sitzt du auf einer Spielplatzbank, dann kannst du kurz winken, damit es sich in deinem Zuschauen bestätigt fühlt. Es braucht in solchen Situationen kein Lob wie „Toll gemacht". Sobald du dein Kind lobst, beziehst du dich auf eine erbrachte Leistung und Fähigkeit. Hier geht es jedoch um das „bloße" Gesehen- und Wahrgenommen werden. Zurückhaltung ist als Elternteil dann oft gar nicht so einfach.

Persönliche Sprache anwenden
Dein Kind kann sich in den ersten Lebensjahren noch nicht auf dem Niveau eines Erwachsenen bewegen. Es drückt seine emotionalen und existenziellen Bedürfnisse im Rahmen seiner Fähigkeiten verbal und nonverbal aus. Du kannst seine

Gefühlslage gut beobachten, einordnen und deuten. Nimm Blickkontakt zu deinem Kind auf und sprich es in einer persönlichen Sprache mit „Ich-Botschaften" an. „Ich sehe, dir geht es gerade gar nicht gut" oder „Ich sehe, du hast gar keinen Hunger mehr". Damit benennst du die Gefühle und Bedürfnisse deines Kindes, die es so zunehmend nachfühlen, verinnerlichen und verbalisieren kann.

Vorbildlich handeln
Manches Mal kann es sehr unangenehm sein, wenn sich dein Kind (noch) nicht gesellschaftskonform verhält (so wie Paula in der Bäckerei). Mit deinem Verhalten beeinflusst du das zukünftige Verhalten deines Kindes. Denn es lernt auch durch Nachahmung und Imitation. Sei dir also deiner Verhaltensweisen bewusst und handele so, wie du es zukünftig von deinem Kind gerne hättest. Grüßt du morgens in der Bäckerei freundlich und lächelnd, so wird der Tag kommen, an dem es dir dein Kind nachmacht. Vorzeigen und Vorleben bewirkt mehr als Worte. Zeige deinem Kind (ohne es zu belehren), wie man um etwas bitten kann, wie man andere vorlässt, wie man freundlich reagiert, wenn man gerufen wird.

Kindliche Grenzen und Bedürfnisse wahren und ernst nehmen
Das mag einfach klingen, und dennoch ist die Umsetzung im Alltag häufig schwierig. Besonders dann, wenn Zeitdruck herrscht. Du willst losgehen, und dein Kind mag einfach nicht den blauen Pullover anziehen. Was kannst du tun? Versuche, die Grenze, die dir dein Kind zeigt, ernst zu nehmen und he-

rauszufinden, was die eigentliche Ursache des Verhaltens ist. Beharre nicht auf deinem Standpunkt, suche den Kontakt zu deinem Kind und lass dich auf eine andere Lösung ein.

Bedenke, dass jede Art von Gewalt eine tiefe Verletzung bedeutet, die dem Selbstgefühl massiv schaden kann. Sollte es dennoch einmal zu solchen Verletzungen kommen, übernimm die volle Verantwortung dafür, entschuldige dich aufrichtig bei deinem Kind und überdenke deine Verhaltensweise.

Leistungsunabhängige Anerkennung zeigen

Versuche, die Fähigkeiten deines Kindes nicht zu bewerten und idealerweise auch nicht mit denen anderer Kinder zu vergleichen. Dein Kind reicht dir voller Freude ein gemaltes Bild und sagt: „Das ist ein Haus und ein Hund." Du hingegen erkennst nur ein paar Striche. Jetzt könntest du sagen: „Toll, ich sehe, du hattest eine Idee, was du malen möchtest." Oder wenn das Bild „extra nur für dich" gemalt wurde: „Ich freue mich darüber, dass du an mich denkst und mir ein Bild gemalt hast."

Damit gibst du eine wertschätzende Rückmeldung, ohne dass du die Leistung oder Fähigkeit bewertet, abgewertet oder überbewertet hättest. Gib eine liebevolle Rückmeldung, unabhängig von Lob und Kritik der erbrachten Leistung gegenüber.

Nicht unter Druck setzen

Als Elternteil fühlt man sich häufig unter Druck gesetzt, wenn das eigene Kind in der Straßenbahn, bei der Kinderärztin/dem Kinderarzt oder eben auch beim Bäcker*in nicht so „funktioniert", wie es sich „eigentlich gehört". Versuche, dich von diesen äußeren Zwängen zu befreien. Dein Kind ist wunderbar, so wie es ist. Es wird bald seine Schüchternheit überwinden und früh genug „gesellschaftskonformes Verhalten" einüben und sich anpassen. Sollte sich dein Kind sehr unwohl fühlen, wenn es jemand direkt anspricht, dann entlaste es von diesem „Druck" und antworte an seiner Stelle.

Fragen beantworten
Diese ständige Fragerei ist so manches Mal ganz schön anstrengend. Und dennoch: Versuche, deinem Kind zugewandt zu bleiben. Es interessiert sich einfach für alles und möchte die Welt kennenlernen. Mit Geduld, Ruhe und Ausdauer vermittelst du ihm zugleich Wertschätzung und trägst damit aktiv zur Entwicklung eines guten Selbstgefühls bei. Und zur Entlastung: Du musst auch nicht alles wissen!

Teilhaben lassen
Dein Kind ist Teil deiner Familie und wird es lieben, genau so wahrgenommen zu werden. Beziehe es so viel wie möglich ein, anstatt es auszuschließen. Überlege im Vorfeld, wie eine Einbeziehung gestaltet werden kann. Solltest du zum Beispiel umziehen, lass dein Kind die Kartons mit einpacken, herumschieben oder Gegenstände wieder neu einräumen. Das geht, sobald dein Kind laufen kann und du dich darauf einlässt. Teilhabe stärkt das Selbstgefühl.

Freiraum zur Selbsterkundung
Ein gutes Selbstgefühl entsteht nicht ohne Erfahrungen. Dein

Kind lernt durch das Erkunden, Ausprobieren, Entdecken, Handhaben, Nachahmen und Wiederholen viel über sich selbst. Dazu braucht es Gelegenheit. Oftmals sind die Tage der Kinder komplett durchgeplant mit dem Besuch der Krippe, einem anschließenden Kursbesuch oder Verabredungen mit anderen Kindern und deren Eltern. Ermögliche deinem Kind möglichst viele Freiräume im vollgepackten Alltag, in denen es seinen Interessen aktiv, spontan und ungestört nachgehen kann. Beobachte, anstatt es zu unterbrechen, sofern es intensiv einer Beschäftigung oder Entdeckung nachgeht.

Elternweisheit

Mein Kind ist wunderbar – genau so, wie es ist.
Und das zeige ich ihm jeden Tag!

Durch dieses Buch hast du vielleicht ein besseres Verständnis und einen wertvollen Überblick zum Thema Alltag mit deinem Kleinkind bekommen. Wir hoffen, dass du viele der im Buch beschriebenen praktischen Tipps zu Hause anwenden kannst und dir die Anregungen helfen, deinen Tag angenehmer zu gestalten. Wenn du trotzdem das Gefühl hast, nicht so recht weiterzukommen, kannst du jederzeit die kostenlose _Online-Beratung von ElternLeben.de_ nutzen.

Wir wünschen dir wundervolle Tage mit deinem Kind.

Autorin Nadine Büttner

Nadine Büttner ist Expertin rund um das Thema konkrete Erziehungsfragen im Alltag. Sie ist erfahrene Diplom-Sozialpädagogin, Montessori-Pädagogin, Safe®-Mentorin & NLP-Practitioner und engagiert sich mit mehrjähriger Führungserfahrung im Bereich der ambulanten Kinder- und Jugendhilfe freiberuflich für Eltern und pädagogische Fachkräfte. Zudem begleitet die dreifache Mutter Führungspersonen im Bereich der Gesprächsführung und Selbstfürsorge. Nadine Büttner hat bewusst eine lange Elternzeit mit ihren drei Kindern genossen. Sie liebt das Reisen mit Kindern und setzt sich stark dafür ein, dass sie schon von Anfang an als individuelle Persönlichkeiten wahrgenommen werden.

Herausgeber *ElternLeben.de*

ElternLeben.de ist eine Online-Plattform für Eltern, die 2016 von der gemeinnützigen wellcome GmbH mit Sitz in Hamburg gelauncht wurde. Eltern erhalten damit ein fachlich hochwertiges digitales Angebot mit verlässlichen Informationen und geschützter, kostenloser Online-Beratung.

ElternLeben.de besteht aus einer Struktur, die sich individuell an die Nutzenden anpasst: Es gibt sechs Elternphasen, von der Schwangerschaft bis zum Leben mit Teenager, sowie sechs Lebensbereiche, von Entwicklung und Erziehung bis hin zu Partnerschaft. In vier Angebotsbereichen können sich Eltern auf der Plattform bewegen: Elternwissen (Artikel, Checklisten, Videos u. v. m.), Online-Beratung, Angebote vor Ort sowie der Bereich Häufige Elternfragen.

Im Shop können Eltern relevantes Wissen für wenig Geld in Form von Handbüchern oder Videoseminaren erwerben. Durch die Einbindung der regionalen wellcome-Kooperationspartner und anderer gemeinnütziger Organisationen können Eltern im Bereich „Angebote vor Ort" direkt oder über die Online-Beratung hilfreiche Kurse, lokale Beratung und Anlaufstellen finden. ElternLeben.de ermöglicht so den Brückenschlag zwischen digitaler und analoger Welt.

www.elternleben.de

Die ElternLeben-Kollektion

Hat dir dieses Buch gefallen?
Innerhalb der ElternLeben-Kollektion bei migo entstehen weitere kompakte Ratgeber zu unterschiedlichen Themen des Elternlebens, die alltagstauglich die Fragen von Eltern behandeln – von der Schwangerschaft bis zum Leben mit Teenagern.

Melanie Schüer
Ich liebe Schlaf! Mein Baby auch!
Ruhige Nächte für dein Baby und dich
ISBN 978-3-96846-078-9

Übermüdung und Verzweiflung im Elternalltag vermeiden:
Einschlafschwierigkeiten oder gar Schlafstörungen? Wenn ein Baby nicht gleich einschläft oder mehrmals während der Nacht aufwacht, befürchten Eltern oft, dass irgendetwas mit ihrem Baby vielleicht nicht stimmt. In den allermeisten Fällen jedoch, ist häufiges Aufwachen Ausdruck der ganz normalen Schlafentwicklung eines Babys.

Malena Böse
Endlich zur Schule!
Das Einschul-Abc für dich und dein Kind
ISBN 978-3-96846-080-2

In der „neuen Welt" des Schulalltags zurechtfinden:
Der Schulanfang ist für Kinder und ihre Eltern eine aufwühlende, neue Zeit. Sie wirft auch gerade bei Erwachsenen, besonders am Anfang, viele Fragen auf: Wie wird der Unterricht gestaltet? Gibt es Hausaufgaben? Wie ist die Klasse, der/die Lehrer*in? Kommt mein Kind gut klar?

Melanie Schüer
Wie viel NEIN muss sein?
Liebevoll Grenzen setzen
ISBN 978-3-96846-081-9

Orientierung, Tipps und Impulse erhalten:
Brauchen Kinder Grenzen? Im Alltag sind Eltern oft hin- und hergerissen zwischen den Meinungen der Erziehungsratgeber, die unterschiedliche Ansätze vertreten. Zwischen den beiden Extremen „Lass dein Kind doch machen, lass es sich frei entfalten" und „Kinder brauchen klare Strukturen und Strafe muss sein" gilt es als Eltern einen gangbaren, gesunden Weg zu finden.

Quellenangaben

- D. Graf, K. Seide: Das gewünschteste Wunschkind aller Zeiten treibt mich in den Wahnsinn – Der entspannte Weg durch Trotzphasen, 2016

- J. Juul: Dein kompetentes Kind, 2011

- J. Juul: Grenzen, Nähe, Respekt – Auf dem Weg zur kompetenten Eltern-Kind-Beziehung, 2011

- H. Ludwig (Hrsg.): Grundgedanken der Montessori-Pädagogik, 2017

- R. Michaelis, Prof. Dr.: Die ersten 5 Jahre – wie sich Ihr Kind entwickelt, 2012

- M. Montessori: Maria Montessori spricht zu Eltern, 2019

- R. Oerter, L. Montada (Hrsg.): Entwicklungspsychologie, 2002

- R. Poletti, B. Dobbs: Das kleine Übungsheft: Selbstbewusstsein, 2013

- S. Quattrocchi Montanaro: Das Kind verstehen – Entwicklung und Erziehung von 0–3 Jahren nach Maria Montessori, 2014

- H. Renz-Polster: Kinder verstehen – Born to be wild: wie die Evolution unsere Kinder prägt, 2019

Bildnachweis

wellcome gGmbH/ElternLeben.de (Logos): Umschlag, S. 3, 107
ADDICTIVE STOCK – stock.adobe.com: Umschlag (vorne) S. 2
Suteren Studio – stock.adobe.com: Umschlag (hinten) S. 4
natalialeb – stock.adobe.com: S. 8
Tierney – stock.adobe.com: S. 10
Tomsickova – stock.adobe.com: S. 12
BurntRedHen – stock.adobe.com: S. 13
Irina Schmidt – stock.adobe.com: S. 17
AlexF76 – stock.adobe.com: S. 20
Ivan Zhdan – stock.adobe.com: S. 23
globalmoments – stock.adobe.com: S. 28
Кирилл Рыжов – stock.adobe.com: S. 34
Claudia Paulussen – stock.adobe.com: S. 37
Krakenimages.com – stock.adobe.com: S. 40
Evgeniia – stock.adobe.com: S. 41
FollowTheFlow – stock.adobe.com: S. 47
Halfpoint – stock.adobe.com: S. 50
the faces – stock.adobe.com: S. 57
Ramona Heim – stock.adobe.com: S. 60
Iryna – stock.adobe.com: S. 62
Maik – stock.adobe.com: S. 66
leungchopan – stock.adobe.com: S. 68, 98
lalalululala – stock.adobe.com: S. 76
santiago silver – stock.adobe.com: S. 79
sp4764 – stock.adobe.com: S. 80
artursfoto – stock.adobe.com: S. 84
famveldman – stock.adobe.com: S. 86
mariesacha – stock.adobe.com: S. 89
vetre – stock.adobe.com: S. 90
Henlisatho – stock.adobe.com: S. 93
polya_olya – stock.adobe.com: S. 96
Nadine Büttner: S. 105